课题项目：2021年安徽省哲学社会科学规划青年项目"国际关系的区域研究：认识论视角的解构与重构"（项目编号：AHSKQ2021D39）。

高校思政课程实践教学与创新研究

张　鹏 ◎ 著

中国书籍出版社
China Book Press

图书在版编目（CIP）数据

高校思政课程实践教学与创新研究 / 张鹏著．
北京：中国书籍出版社，2024.9.
ISBN 978-7-5241-0083-6

Ⅰ．G641

中国国家版本馆 CIP 数据核字第 2024PW6983 号

高校思政课程实践教学与创新研究

张 鹏 著

图书策划	成晓春
责任编辑	毕 磊
封面设计	守正文化
责任印制	孙马飞　马 芝
出版发行	中国书籍出版社
地　　址	北京市丰台区三路居路 97 号（邮编：100073）
电　　话	（010）52257143（总编室）（010）52257140（发行部）
电子邮箱	eo@chinabp.com.cn
经　　销	全国新华书店
印　　刷	天津和萱印刷有限公司
开　　本	710 毫米 ×1000 毫米　1/16
字　　数	200 千字
印　　张	11.75
版　　次	2025 年 5 月第 1 版
印　　次	2025 年 5 月第 1 次印刷
书　　号	ISBN 978-7-5241-0083-6
定　　价	72.00 元

版权所有　翻印必究

前　言

作为党和国家意识形态工作前沿阵地的高校，肩负着学习、分析、研究、继承马克思主义和弘扬社会主义核心价值观的重要职责，同时也承担着培养德智体美劳全面发展的社会主义建设者和接班人的重要任务。高校思想政治理论课（以下简称"思政课"）是对当代大学生进行价值引导与思想政治教育的主要途径。开启全面建设社会主义现代化国家新征程，加强思政课程实践教学，是高等院校贯彻党的教育方针、深化教育教学效果的必然要求，是培养具有创新精神和实践能力高素质大学生的迫切需要。高校的思政课是一门十分关键的课程，承担着落实立德树人的重任，有着常说常新的特点。高校思政课是大学生进行思政教育的主要阵地与渠道，也是其他学科的支柱与灵魂所在。

高校思政课承担着为谁培养人、培养什么人、怎样培养人的重任，而实践教学则是解决怎样培养人这一问题的关键举措。思政课程实践教学不仅能够克服单纯用理论阐释理论的弊端，打破传统思政课枯燥乏味的刻板印象，而且可以发挥大学生的主体作用，加深大学生对理论知识的学深悟透和融会贯通的程度；更是新时代深化高校思政课改革创新、提升思政课教学实效性的关键之举。高校作为人才培育、"立德树人"的主阵地，要想上好思政课一定要重视思政课的实践性。习近平总书记强调："改革创新是时代精神，青少年是最活跃的群体，思政课建设要向改革创新要活力。"因此，高校思政课程实践教学创新应立足时代，采用先进教学技术和教学理念开展思政课程实践教学，增强思政课程实践教学的科学性和有效性，努力提升学生的参与度、体验感和获得感。

思政课程实践教学就是将思政课程课堂实践、校园实践和社会实践三种实践方式有机结合，旨在将学生在思政课堂上所学的理论知识与具体的社会实践相结合，进而帮助学生树立正确的世界观、人生观、价值观，从而有效提升学生的思辨能力、创新能力和解决问题能力。高校思政课教学的改革是培养时代人才的关键所在，也是当前十分紧迫的重要战略任务。

习近平总书记在学校思想政治理论课教师座谈会上强调，要"重视思政课的实践性，把思政小课堂同社会大课堂结合起来，在理论和实践的结合中，教育引导学生把人生抱负落实到脚踏实地的实际行动中来，把学习奋斗的具体目标同民族复兴的伟大目标结合起来，立鸿鹄志，做奋斗者"。高校思政课是提升大学生思想政治素养和道德品质的关键课程，通过对课程系统、深入地学习和阐述，帮助大学生树立正确的世界观、人生观、价值观；培养具有正确的政治立场、远大志向、高尚道德情操和坚定理想信念的大学生，是新时代大学生思政课程实践教学的重要价值目标，也是促进大学生全面发展的有效途径。因此，高校思政课程实践教学作为思政课教学的必要组成、重要环节和有效延伸，要以开展实践活动为抓手，以内容丰富、形式多样的实践教学活动为载体，旨在帮助大学生将所学理论知识内化于心，不断提高大学生的政治鉴别力，增强大学生的政治敏锐性；将实践教学外化于行，引导大学生将所学理论知识运用到实践当中，切实发挥好"社会大课堂"的实践育人作用。通过高校思政课程实践教学改革创新，能够有力地推动大学生对习近平新时代中国特色社会主义思想的思想认同和情感认同深化，使学生充分认识其科学性、人民性、实践性和开放性，致力于培养全面发展的新时代大学生。

在实践教学层面，高校思政课程实践教学创新提出了坚持理论性和实践性相统一的基本要求。这意味着思政课程实践教学不仅要注重理论知识的传授，还要注重在实践中推进大学生学好、用好马克思主义理论，进一步提升大学生的马克思主义理论素养。坚持政治性和科学性相统一是思政课程实践教学创新的重要原则，也是思政课程实践教学的本质属性。要坚持以政治性为灵魂，用政治指导和推动思政课程实践教学创新。同时也要在遵循主导性和主体性相统一的基础上深刻认识到教师和学生双向互动在思政课教学中的地位和辩证关系，从而开展高校思政课程实践教学的创新。

在撰写本书的过程中，作者参考了大量学术文献，得到了许多专家学者的帮助，在此表示真诚感谢。本书内容系统全面，论述条理清晰、深入浅出，但因作者水平有限，书中难免有疏漏之处，希望广大同行及时指正。

张　鹏

2023 年 10 月

目　录

第一章　高校思政课程实践教学的相关理论概述 …… 1
第一节　高等教育中的实践教学 …… 1
第二节　高校开展思政课程实践教学的理论依据 …… 4
第三节　高校思政课程实践教学的性质 …… 33
第四节　高校思政课程实践教学的发展状况 …… 35

第二章　高校思政课程实践教学类型的探索 …… 40
第一节　高校思政课程课堂实践教学 …… 40
第二节　高校思政课程校园实践教学 …… 66
第三节　高校思政课程社会实践教学 …… 89

第三章　高校思政课程实践教学的实施保障与评价 …… 107
第一节　高校思政课程实践教学的保障机制 …… 107
第二节　高校思政课程实践教学体系的构建 …… 118
第三节　高校思政课程实践教学模式的评价 …… 128

第四章　高校思政课程实践教学环境的优化 …… 139
第一节　对实现高校思政课程实践教学环境优化的思考 …… 139
第二节　高校思政课程实践教学的科学化 …… 144
第三节　高校思政课程实践教学基地的开发与使用 …… 157

第五章　高校思政课程实践教学资源的创新利用……161
　　第一节　高校思政课程实践教学中的文化资源……161
　　第二节　高校思政课程实践教学中的技术资源……169

参考文献……178

第一章 高校思政课程实践教学的相关理论概述

在社会不断发展的过程中,思政课实践教学逐渐成为高校发展和培养学生的主要方式。本章共四节,分别论述高等教育中的实践教学、高校开展思政课程实践教学的理论依据、高校思政课程实践教学的性质,以及高校思政课程实践教学的发展状况。

第一节 高等教育中的实践教学

一、实践教学是现代高等教育的重要组成部分

高等教育的现代化无疑是全方位的,包括教育理念、教育内容、教育目标、教学手段和方法、教育环境和教育评价等多方面的现代化。在传统教育中,高校通常在比较落后的教育环境条件下,运用常规的教育手段和方法,以相对不变的知识系统为教育内容,以传授专业知识、训练专业技能、培养专门的技术型人才为教育目标。在人文社会科学类学科的教育教学中,课堂与社会相割裂、理论与实践相脱离的倾向非常明显。在当代社会,科技发展日新月异,经济全球化日益深化,显然高等教育要现代化必须在培养能满足社会发展需求的新型人才方面多下功夫。为此,加强理论运用于现实、强化理论与实际相结合的实践教学,也就成为高等教育现代化中一个必不可少的方面,并占有越来越重要的地位。

其实,实践教学在现代高等教育中早已存在。理工类课程教学中的实践教学以科学实验为基本形式,常常包括实验室验证、实地勘探、数据测算、样本制作、

标本解剖等教学活动。而且,实践教学在理工类课程教学中还占着相当大的比重。在一些特殊的人文社会科学类课程教学中,也包含着实践教学的内容,如考古学中的外出勘探挖掘活动、社会学中的社会调查活动等。在艺术类课程中,更有以理论学习为辅,以艺术表演或创作等实践能力的训练为主的教学内容。

综合来看,在高等教育实践教学当中,科学理论是其指导依据,动手实操是其开展途径,分析研究、观察现象是其基础所在,而其关键在于数据的采集,最终目的是发现问题或者检验理论。正是各类实践教学活动训练了大学生的动手能力、实践能力,培养了大学生的创新能力。长期以来,有关高校课程的实践教学形式,人们常常看到和想到的,就是理工类、艺术类课程的实践教学形式,或者各类专业的专业实习、观摩见习,忽视甚至遗忘了人文社会科学类课程的实践教学。不少人以为,文科类课程无论是教还是学,都是理论性的,没有实验或实践活动可做。很多人误认为,高校思政课的内容就是各种"高、大、上"的理论,教学活动就是教师在课堂上"满堂灌"和学生机械识记,既无须也不能开展如理工类课程那样的实践活动,也就不存在所谓实践教学的问题。但是追根溯源,大多数人文社会科学的理论都是源自社会现实,又关注社会现实的。特别是人们误解甚多的高校思政课程,其中的理论知识源于社会实践又服务于社会实践,是对当前社会现实所进行的客观描述、深入分析、客观科学合理的推测以及高度的凝练概括。马克思列宁主义的诞生、毛泽东思想的形成和中国特色社会主义理论体系的形成,都是在现实社会生活的沃土里萌芽、开花和结果的。因此,高校思政教育教学活动中理应开展实践教学。

实践教学概念引入我国当代高等教育中的时间虽然不长,但是在党和国家的教育方针中,教育与生产劳动和社会实践相结合历来是其中的重点内容之一。实际上,在高校思想政治理论课以及其他各门专业课程当中,实践教学都有着不同程度的体现。近年来实践教学愈来愈受到党和政府以及各个高校的重视。

二、高校思政课程实践教学的基本内涵

马克思曾指出:"生产劳动与智育和体育相结合,不仅是提高社会生产的一种方法,而且是造就全面发展的人的唯一方法。"[①]党和国家一直以来就十分重视实

---

① 马克思.资本论[M].重庆:重庆出版社,2014:530.

践育人的相关工作。为了贯彻落实长期以来推行的教育方针，就必须将教育与生产劳动和社会实践结合在一起，如此才能培养出德智体美劳全面发展的社会人才，培养出为人民服务、为社会主义现代化建设奉献终身的新时代人才。在大学生的成才之路上，必须要将理论知识的学习、社会实践以及自身的创新思维进行有机结合，在社会实践以及人民群众当中汲取所需知识，如此才能推动学生的成长。由此可以看出，在我国高校的思政课程当中，实践教学是其中不可或缺的组成部分。在高校思政课程当中，学生的思想政治认识得到了丰富，思想政治素养得到了加强，而思政教育也在这一过程当中，实现了知信行的统一。在我国高校的思政课程体系中，实践教学较之理论教学更加社会化、开放化，也更加多样化。

实践教学，首先是一种教学活动，其目的仍在于教书育人，但与一般教学活动不同，实践教学顾名思义，是一种通过实践的形式来实现教学目标的教学活动。不同于传统的理论教学，实践教学的自由度与能动性更强，能够有效培养学生的积极性、主动性以及参与性。学生不再是被教师主导的相对被动的知识接受者，而是以自己为主体的相对主动的知识运用者和反思者。在实践教学中，教师主要承担着引导和组织的责任，学生则主要负责参与、应用、反思、内化等一系列教学环节的实施。与之相对，传统理论教学则以教师讲授为主，重在以课堂教学的形式来阐述理论，学生只需理解和接受理论内容即可。

具体地讲，在开展思政课程的实践教学时，需要基于思政课教师的指导，遵循制订好的相关计划，结合社会实际展开教学，以实现思政课程的教学目标。由此可见，思政课程就是一种充分调动学生学习的积极性与主动性，引导学生在实践中完成思政教育教学目标的教学形式。思政课程的终极目标在于，让学生在实践当中深入理解马克思主义的真知、真信、真行，并在亲身感悟中将其内化为自身的思想价值观念，使自身的素质得到大幅度提升，使自身得到全面发展，最终成长为优秀的现代化人才，为国家发展与民族复兴奉献终身。

结合实践教学的经验，可以将思政课程的实践教学划分为狭义与广义。其中广义的思政课程实践教学包含内容比较全面，不仅包括学生走出教室，参与社会实践活动，如参观博物馆或纪念馆、开展社会调查和科研活动、参加志愿服务和公益活动等，也包括课堂内外的读书、讨论、辩论、演讲、社团活动、观看有教育意义的影片以及撰写心得、调研报告、科研论文等，还包括课堂上的案例教学、讨论教学及多媒体教学等。而狭义的思想政治理论课实践教学，则专指学生走入社会，参与各式各样的社会实践活动的过程。本书根据实际操作上的特点，将思政课程实践教学分为课堂实践教学和课外实践教学，也分为作为思政课课堂教学环节的实践教学和作为相对独立的一门课程的实践教学。

第二节　高校开展思政课程实践教学的理论依据

一、高校思政课程实践教学方法

（一）高校思政课程实践教学方法的内涵

从某种意义上而言，共性与个性、一般与个别这种形容能够精准地描述教学方法与高校思政课程实践教学方法之间的关系。若想要深入、深刻、全面、详细地理解思政课程实践教学方法的内涵，就必须首先全面理解教学方法的深刻内涵。同时，对高校思政课程教学方法内涵的深入理解，又能够反过来丰富并深化对教学方法内涵的认知。无论是教学方法还是思政课程实践教学方法，都是为提高高校思政课堂教学而服务的，由此可见，二者所追求的目标是相同的。

在教学论当中，教学方法是其中的重要组成部分之一，通过外化的形式在社会实践当中发挥积极的作用与影响。然而，直到今天，关于教学方法的定义在学术界当中仍旧没有得出一个统一的结论。我们把现有的关于教学方法的定义归纳为如下几类。

1. 手段说

在手段说当中，教学方法被认为是教师完成教学任务所采用的手段。

2. 方法说

在方法说的理念下，教学方法被认为是教师为实现某种教学目的，推动学生按照要求进行学习，利用相应的教具、教材，并使用一定的教学技术方法与手段。

3. 活动说

在活动说的理念下，教学方法被认为是"为达到教学目的，实现教学内容，运用教学手段而进行的,由教学原则指导的一整套方式组成的、师生相互作用的活动"。①

4. 方式说

教学方法在方式说的理念下,被认为是"为了解决教养、教育和发展学生的一定任务,教师和学生相互联系活动的种种方式"。②

上述四类分法是依据对教学方法的不同着眼点、侧重点、角度而提出的。但不影响我们概括、归纳教学方法的本质属性。

教学方法的本质属性主要表现在如下三个方面。

首先,教学方法与教学手段密不可分。任何教学方法的使用都要借助一定教学手段,没有教学手段的教学方法只能是一个空壳。例如,在传统的课堂教学当中,如果没有粉笔、黑板、语言、动作、表情等教学手段,无论是多么优秀的教学方法,也没有办法开展下去。在现代教学方法中,如果没有课件、计算机、多媒体等教学设备,再好的教学方法也是无源之水、无本之木。

其次,教学方法与教学目的紧密相连。教学方法是为教学目的服务的。教师在开展教学活动时,所选用的教学方法随着教学目的的变化而变化,因此可以说教学目的对教学方法有着引导的作用。

最后,教学方法与教学观念息息相关。无论是哪种教学方法,都需要在教学观念的指引下才能够顺利进行。如传统教学观念的核心是把学生视为客体,视为知识的"容器",在这种教学观念的指导下,其教学关系是我问你答、我讲你听、我写你抄,此时教学方法的选择和使用是为传授知识而服务,而对学生其他方面的发展不予关注。在这样的课堂上,教学由"双边活动"转变为了"单边活动",学生并不是自己主动学会,而是被灌输,被教会,在这种情况下,"教"与"学"发生了错位,"学"被"教"替代。现代教学观念的核心是"以人为本",关注的是学生的全面发展,在这种教学观念的指导下,其教学关系是师生互动,此时教学方法的选择和使用是为学生全面发展而服务的。在这样的课堂上,教学由"单边活动"变成了"双边活动","教"是为了"学","教"是为了"不教",其最终的目的是达成共识,形成共享、共进,实现教学相长和共同发展。

---

① 王策三. 教学论稿[M]. 北京:人民教育出版社,2005:239.
② 巴班斯基. 中学教学方法的选择[M]. 张定璋,高文,译. 北京:教育科学出版社,2001:6.

总而言之，教学方法就是教师为了完成相应的教学任务，达到教学目的而采取的一套完整的操作策略，需要注意的是，在这一过程中必须以教学观念为指导，方可顺利开展。高校思政课程实践教学方法除了具备上述教学方法的内涵之外，还要充分考虑到高校思政课程本身的内容与特性，而这也是阐明高校思政课程教学方法的前提条件。

在高校思政课程教学过程中，师生为了完成思政课程的教学任务，实现教学目标，所采取的所有关于"教"与"学"的手段，被统称为高校思政课程实践教学方法。基于这一定义，高校思政课程实践教学方法具备以下特点：第一，高校思政课程教学方法强调实践，强调知行合一，这一特点基于高校思政课程自身的特点而存在；第二，高校思政课程实践教学方法的最终目标在于培养德智体美劳全面发展的社会主义接班人与建设者，培养社会所需的现代化人才；第三，高校思政课程教学方法是教授方法与学习方法的集合体，兼备教师的"教"的方法与学生的"学"的方法。高校思政课程教学方法将"教"与"学"进行了结合，能够明确反映出"教"与"学"之间的关系。

（二）高校思政课程实践教学方法的特性

教学方法作为一种主观的手段，一种教学策略和心智操作，它不是任意的，而是由实践教学活动本身逻辑延伸出来的，具有一系列的制约因素。制约性是教学方法的基本特性。教师既要能动地选择和运用教学方法，又要充分认识教学方法的制约性。

1. 学生心理的制约性

教学方法是教师和学生双边活动的纽带，任何方法的运用都离不开学生的参与，因此，学生的心理状态与思想会对教师教学方法的选择产生显著影响。随着年级的增长，学生的认知也会随之发生改变，心理状态也会随之变化。学生认知方式、认知兴趣以及心理状态除了受到年级不同的影响，也会受到学生所学专业的影响，因此，针对不同年级、不同专业的学生，教师需要采取不同的实践教学方式。因此，教学方法的运用必须充分考虑不同专业和不同年级学生的特点。

2. 教学目标的制约性

教学方法与教学目标有着紧密的联系。"教学方法是一种艺术的方法，是受各种目的明智地指引的行动方法。"① 虽然从表层上来看，教学方法与教学目标看似彼此独立存在，但事实上，二者之间的联系在"教"与"学"当中得到了明确展示。这就如同斯莱文所说："教师希望学生掌握的学习内容与学生实际的学习之间的联系称为教学或教学法。"② 在思想政治课程实践教学过程中，教师对教学方法的选择和运用，始终要受教学目标的制约，并以教学目标为指向。

3. 教师自身因素的制约性

教学方法除了受到教学目标、教学内容、教学条件、学生心理等因素的制约以外，也受到教师自身特点制约。教师之间的知识文化素养、个性特征、所擅长的领域、教育教学理论素养存在着较大差异，因此也会在很大程度上影响教学方法的实际效果。例如，关于教学方法与教师学术水平的关系，顾钰民教授指出："教学方法的运用要以学术水平为基础，没有学术水平，教学方法的运用就没有根基，没有拓展的空间。"③ 因此，实践教学方法的选择和使用必须充分结合自身的特征，扬长避短。否则，不仅不可能做到得心应手，反而有可能使教学方法形式化。

4. 教学条件的制约性

客观的教学条件也会对教学方法的选择造成影响。这些客观的教学条件主要包括教学的硬件设施、教学场所的物理特征、教学区域的文化特性、教学环境的影响、课堂规模以及其他的客观条件。教学方法的实施需要基于教学条件的支撑，如果没有良好的教学条件作为支持，那么就会事倍功半，好的方法也会变为不好的方法。因此，选择和运用教学方法，首先必须创设必要的条件支持。

5. 学科内容的制约性

教学方法不仅受到教学目标的制约，还受到教学内容的制约。方法从来都不是某种材料之外的东西。方法不过是对材料进行有效处理。方法就是有指导地使学科内容朝着种种目标前进……方法就是为了某种目的而运用某种材料的有效方式。材料性质上的差异会使对其进行的表达与操作手段发生变化。与之对应的，所适合的教学方法也会随之而改变。在高校思政课程实践教学当中，其内容主要

---

① 杜威.民主主义与教育[M].北京：中国轻工业出版社，2014：172.
② 斯莱文.教育心理学[M].北京：人民邮电出版社，2016：4.
③ 顾钰民.高校思想政治理论课教学方法研究[M].上海：复旦大学出版社，2012：4.

为陈述性的知识以及对内容进行衔接组织的程序性知识。但这些知识也会有所侧重，有侧重生活逻辑的、有侧重实践逻辑的、有侧重理论逻辑的，还有侧重历史逻辑的。只有明确材料内容的自身规定性，才能够有针对性地选择教学方法，使教学方法得以充分发挥作用。

总之，教学方法受多种因素的制约，这使得任何教学方法都不是绝对的。"教学有法，教无定法，贵在得法。好的教师的教学方法并不都一样，他们各有特点……恰当地运用教学的方式方法和教学手段，还取决于课程内容，课堂的规模和现代化教学条件，取决于学生的接受能力、学习习惯和思维定式。"[1]更重要的是，教师在学习和借鉴教学方法的同时，要善于把它转化为自己的教学技能，转化为自身独特的教学魅力。其实，在思想政治课的实践教学过程中，方法是重要的，但更加重要的则是教师的教学信念，如帮助学生形成"认知、理解、认同（政治认同、思想认同、情感认同）"相统一的信念；帮助学生从掌握知识到形成方法，再到提升境界的信念；力求使知识性、思想性和艺术性相统一，努力使学生受到理论的熏陶和方法论的启迪。

（三）高校思政课程实践教学方法的选择

高校思政课程实践教学方法的运用，能够直接对教学效果与教学质量产生重大影响。教学方法的选择要有根据，不能随意进行选择，它是在一定的教学目标和教学内容前提下进行的，不仅要遵循一定的原则，还要考虑到影响教学方法选择的因素。

1. 选择的原则

基于高校思政课程实践教学方法的自身特性与运用情况，以下我们提出了几种选择高校思政课程教学方法所要遵循的主要原则。

（1）直观性原则

为了充分调动学生的学习积极性，提高课堂学习效率，使教学效果更加显著，教师需要在教学过程中充分结合教学内容，利用比较直观的教学手段，如实物、图画、图表等，结合现代多媒体设备，将教学由平面式转变为立体式，推动教学的进一步开展。高校思想政治课程实践教学方法的选择之所以遵循"直观性"这

---

[1] 李卫红. 大力探索高校思想政治理论课教学方法改革[J]. 中国高等教育，2014（1）：4-6.

一原则，是由教学方法的本身属性决定的。在日常教学活动过程中，最实用的直观教学方法就是讲授教学法，而讲授教学法所依据的主要教学手段则是板书和语言。布局合理、字迹规范的板书和准确、流利、生动的语言在强化学生记忆的同时，可使学生获得美的享受。采用直观性的教学方法能够刺激学生的感官，调动学生的积极性，唤醒曾经获得的经验，促使学生在表层思维的基础上进行抽象思维，从而掌握科学知识。

（2）民主化原则

高校思政课程具有审美性与情境性的特点，其本质具有人文性，基于此，高校思政课程也就尤为重视民主化。高校思政课程旨在培养德智体美劳全面发展的现代化人才，故而教师在选择教学方法时，必须坚持民主化的教学思想，遵循民主化原则，打造师生间良好的关系，扮演好引导者这一角色，尊重学生个性特征，使学生得到充分发展。在教学过程中，教师需要尽力营造平等、和谐、开放、民主、自由的课堂氛围，与学生友好沟通，尊重学生人格，哪怕学生在课堂上说一些偏激的言论，也不要急于指责。教师需要明确，学生的这种行为是其自我意识的投影，源于自身的困惑与不解，应采用疏导的方式，从根源上解决。教师与学生是平等的存在，教师不应当试图成为课堂上的主宰者，不能成为学生的枷锁，不能过于注重以教师为先的思想，否则会严重打击学生的主动性、积极性、创造性与自觉性。在这种环境下培养出来的学生，虽然听话、守规矩，但是却失去了个性与创造性，而这也违背了教学的初衷。

高校思政课程教学注重对于美感的追求，讲求入情入境，并渴望达到内化为知、外化为行的境界。在这种理念下，就需要做到教师与学生的平等、和谐相处，并积极打造轻松、活跃、开放的课堂环境氛围。如此才能在高校思政课程实践教学中真正做到潜移默化，使学生得到充分的发展与成长。在民主化原则下，教师需要树立为学生服务的思想理念，尊重每一位学生的独立人格。学生作为学习的主人，理应享有主动学习的权利，因此教师在选择教学方法时，需要严格遵守民主化原则，积极调动学生学习的主观能动性，将学生的被动学习转变为主动学习，只有这样，才能够更好地推动高校思政课程的建设。教师在选择教学方法时，可以与学生共同探讨，摒弃以教师为先的思想，与学生共同打造和谐的课堂环境。在课堂上，教师需要用幽默的语言形式、温和的态度、多式多样的教学手段与灵活的教学方法来进行教学。此外，还要充分利用具有现代化民主特色的辩论法、讨论法、谈话法、问题教学法等来推动教学的进行，以实现良好的教学效果。遵循民主化原则，为高校思想政治课程实践的教学方法指明了方向，成为高校思想政治课程实践教学的指南。

（3）启发性原则

高校思政课程的终极目标是培养学生良好的行为习惯，帮助学生形成高尚的道德品质。启发性原则坚持以教师为主导，学生为主体的指导思想，因此教师需要严格遵循启发性原则。只有如此，才能充分调动学生的主动性、积极性与创造性，才能充分发展学生的思维能力。假若不遵循启发性原则，那么教学课堂就很有可能发展成为教师的"一言堂"，学生只会被动地接受知识的灌输，机械地记忆知识，成为无法适应社会的"书呆子"。

作为高校思政课程实践教学对象的大学生，已经具有了一定的知识储备量，具备在教师讲授内容的基础之上，结合自身经验对社会现象进行分析的能力。因此，教师在选择教学方法时，需要采用启发式教学，充分发挥启发式教学的作用，为学生提供发展的空间，激发学生的学习积极性，让学生从学习当中获得满足感，从而帮助学生养成勤于思考的好习惯。

（4）整体性原则

整体性原则揭示了教学方法的本质、发展、运动等客观规律，是对其存在形式与自身特征的一种客观呈现。在整体性原则的指导下，教师需要立足于实际，以整体性的眼光去寻求行之有效的高校思政课程教学方法。虽然高校思政课程的教学方法多种多样且各自有着不同的特征与功能，但是殊途同归，其目的都是实现预期的教学效果。因此，可以看出，高校思政课程实践教学方法需要遵循整体性原则。

（5）结合原则

在高校思政课程教学中，为了保障教学课程的成功开展，教与学、教法与学法、教师与学生之间需要实现辩证的统一，实现完美的融合。故而，在高校思政课程教学中，需要遵循结合原则。所谓结合，就是相互促进、相互支持、和谐统一、互为补充、相互调和之意。在结合教学原则的基础上，教师开展课程教学更加游刃有余，学生也能在课堂上充分发挥积极性。在结合原则理念下的课堂之上，教师的传知、导思、授法得到了进一步的发挥，学生的思维能力、实践能力、学习能力也得到了大幅度提高。此外，教学过程也更加严密、教学秩序井然、课堂氛围轻松、热烈、和谐。如此，便达到了高校思政课程教学的最高境界。

结合当前高校思政课程发展现状，顺应其发展需求，必须严格遵循结合原则，才能保障高校思政课程的顺利开展。当前，高校思政课程教学方法的重心还落在教师的身上，"教"的过程被重点强调，教学方法的设计、选择与应用也是重点考虑教师教学是否方便，而学生这一重要对象却被忽略、被遗忘。学生的地位被忽视，学生的作用被低估，学习过程被轻视，学生如何学、如何学好成了教学方法考量中的次要因素。在这种情况下，学生就只能消极、被动地跟随着教师的脚步进行学习，严重打击了学生学习的积极性。因为没有实现教授、学习、情感、思想等方面的和谐统一，所以教学效果也无法达到最佳。为了改变这一现状，教师必须遵循结合原则，实现教与学的有机融合，促进学生思维与能力的发展。

2. 影响选择的因素

关于高校思政课程实践教学方法的理论内容，教师不仅需要研究其本质、结构与分类，还要分析教学方法的选择因素。也就是说，教师必须明确，该在什么时间、什么环境、什么条件下选择什么样的教学方法。基于此，巴班斯基提出了影响教学方法选择的六大因素，分别为：教学的规律；教学的目的、任务与原则；学科的方法与内容；学生学习的自身特征；学生学习的外部条件特征；教师特征。从教学实践出发，结合高校思政课程自身的特点，可将教学方法的选择因素归纳总结为以下几个方面。

（1）教学目标因素

高校思政课程的教学目标为课堂教学过程指明了方向，其明确规定了一节课、一个学期、一个学生所需要完成的教学任务指标，因此教师在选择教学方法时，就必须结合教学目标，寻找适配的教学方法，控制教学进度。如果所使用的教学方法与教学目标并不适配，那么教学效果将大打折扣。例如，如果教学目标为要求学生对内容理解即可，那么教师就可以选择"直观呈现法""以教师指导为主的教学方法"；如果需要学生达到一定知识水平，那么教师就可以选择"直观呈现法""言语呈现法";如教学目标中要求学生独立思考,教师则可以选择"教师指导下的学习""学生独立学习""阅读书籍""书面作业"等教学方法。

由此可以看出,在不同教学目标的要求之下,所需要学生达到的思维水平是不同的,学生的学习行为也有所差异。教学是一个双向交流的过程,学生不同的思维方式也反过来影响教师所采用的教学引导方法,教师必须充分结合学生的思维水平来选择方法,以推动学生达到教学目标。由此可见,教学目标会对高校思政课程实践教学方法的选择产生十分重大的影响。

(2)教学环境因素

教学环境也是影响高校思政课程实践方法选择的关键因素。教学环境是一套十分复杂的系统,由多种要素构成,对学生的认知、行为、情感、思维等方面产生十分重要的影响,能够对教学的进程实施干预,能够对教学的效果产生重大作用。因此可以认为,教学环境在很大程度上不仅影响着教学活动的实际效果,还影响着教学方法的选择。如教学环境中的课桌椅、电化教学设备、人际关系、课堂心理气氛等,既能影响教学活动参与者的心理和行为,又能影响教学的方式和方法。

高校思政课程实践教学环境主要是指课堂教学环境,因为教学方法的实施主要是在课堂教学过程中得到实现的。学生、教师、教学情境三者相互作用,共同构成了课堂教学这一活动过程。课堂教学环境所包含的因素有很多,例如教室硬件设备、课堂物理环境、教师的教风、学生的学风等。其中,教师教风中的教学理念、教学思想、教学风格、教学态度、管理方式、个人品德、个人素养、治学能力水平等;学生学风中的道德品质、学习态度、学习手段、组织纪律、集体观念、人际交往、互助精神、勤学乐学以及教室中的设施和物理环境等因素是影响教学方法选择的主要因素。在通常情况下,如果选择教学方法能够较好地考虑到上述因素,就会使课堂教学气氛融洽,师生配合默契,生生关系融洽,教学效果显著。可见,教学环境是影响高校思政课程教学方法选择的又一重要因素。

(3)教学手段因素

教学手段是高校思政课程教学的媒介,能够将学生、教师、教学教材三者进行紧密连接。在教学手段中,直观教学手段具有教育性、智力性、完备性、全面性、创新性、清晰性等诸多特点，故而能够对高校思政课程教学方法的选择产生更为重要的作用。教师需要结合课堂实际与自身需要，充分利用现代化高科技教学手段，如计算机、多媒体、投影仪等，开展直观、鲜明的教学活动。

教学手段不仅能提高课堂教学效果，而且还能使课堂教学延伸到课外，这为搞好高校思政课程实践教学创造了良好的外部环境。例如，可以积极利用校园网络，在校园网上建立高校思想政治课程教学的学习园地，将课前预习要求预习过程中应注意的问题、教学大纲和电子教案等在网络上发布，供学生参考；可以利用校园网和学生进行交流，教师和学生可以通过电子邮件来交流生活中的想法和感受，可以拉近师生间的距离。可见，正确运用教学手段，不仅能激发学生的学习热情，引导学生积极主动地学习，还能培养学生的自学能力。正确的教学手段会改变课堂教学活动中教师主动、学生被动的局面，是教师与学生互动的重要纽带。

（4）教师因素

高校是思想政治课程教学方法的践行者。高校思想政治课程教师的知识素养、教学水平、教学能力与态度都能够对教学方法的选择产生重大影响，是不可被忽视的关键性因素。教师在选择教学方法时，需要对自身有一个明确的认知，充分认识到自己的优缺点，了解自身在教学上的优势与劣势，从而选择合适的、得心应手的教学方法。例如，有的教师有着较强的语言表达能力，那么就可以使用言语呈现法；有的教师擅长采用图示呈现教学内容，则应多采用直观呈现法；有的教师逻辑思维能力较强，则应多采用归纳法、演绎法等。教师在分析自身优势的同时，也必须看到自己的劣势和不足，并努力克服它，使自己的薄弱环节尽快得到提高和完善。此外，教师在选择教学方法时，也需要考虑到该教学方法所需的时间。因为有一些教学方法因为自身特色，需要耗费的时间要比其他教学方法多，如归纳法、问题教学法等就需要比演绎法、再现法耗费的时间多。由于教师的教学任务比较繁重，课时有限，因此为了不使教学进度落后，确保在规定的教学时间当中完成教学任务，一些教师开始采用更为省时、更为保险的教学方法开展教学活动。

（5）学生因素

高校思政课程的教学方法最终是在学生身上得到具体实施的。衡量高校思政课程教学方法优劣的主要标准，就是看高校思政课程教学方法是否符合学生智力水平，是否顺应学生的发展规律，是否能够调动起学生的主观能动性，是否能激发学生的发展潜能等。从这一角度来看，学生是影响高校思想政治课程教学方法选择的又一个重要因素。但是在高校思政课程教学方法的选择中，学生这一因素所能产生影响的范畴，不仅体现在学生的年龄、智力、思维、学习态度、学习基础等方面，更体现在学生学习高校思政课程时所体现出来的特点上。

众所周知，高校思政课程兼具价值导向功能与科学认识功能，可见其既是意识形态与科学的辩证统一，也是素质教育与理论知识教育的有机融合。基于这一特点，高校思政课程的内容必然会带着理论性、教育性、抽象性等极为直观的特征，而这种特征，也为学生的学习带来了一定程度上的困难。学生没有亲身体会，无法直观、深刻地感受到思想政治知识内容中的内涵所在，甚至无法进行直观观察与实验，如马克思主义哲学、政治经济学等，所以只能借助国际国内社会、家庭、校园的政治、经济、文化、生活等事实来推想书本上的理论，这是高校思想政治课程的学习特点。因此，教师在选择教学方法时，一定要考虑到这一特点，争取做到理论联系实际，恰当地运用分析与综合这种思维方法。

3. 选择的方法

教学方法的选择是一个复杂的过程，对于高校思想政治课程实践教学来说，其选择方法主要涉及以下几个方面。

（1）分析教学内容

在选择教学方法时，对教学内容的分析与把握是十分关键的环节，能够影响教师对教学的理解与掌握、对教学目标的确定、对学生基础水平的了解、对教学媒体的选择以及之后教学环节当中的各个组成部分。通常情况下，分析教学内容可从三个方面进行：第一，构建良好的知识内容体系；第二，明确内容知识点；第三，确定内容中的重难点。严格落实这三个步骤，教学目标也就被确定下来了。

（2）确定教学目标

在开展教学活动时，教学目标能够给教师与学生提供指引，是师生教学活动的起点，也是评价教学结果的依据所在。由此可以看出，教学目标是教学方法选择的关键影响因素之一。在确定教学目标时,首先,教师需要明确当教学目标不同时,其所对应的水平层级也不同,所选择的方法也就有所差异。其次,确定目标,要立足于学生的主体性。教师需要有教学目标,同样地,学生也需要有自己的学习目标。二者作用于两个不同的过程,为两个不同的主体而服务。最后,在制定目标时,要基于认知、情感与动作技能,将教学目标落到实处。

（3）用好教学资源

教师在选择教学方法时,需要充分利用、开发、挖掘各种教学资源,充分考虑到本校或当地的实际条件,使教学资源由隐性状态转变为显性状态,为教学方法的实际运用提供便利。

（4）确定教学组织形式

教学活动需要依托于一定的组织形式来实现。为了达到教学目标,组织形式需要解决如何传授教学内容、如何组织开展教学活动、如何充分利用教学环境空间、如何合理安排教学时间、如何充分发挥现代化教学工具的作用等相关问题。无论是哪一种教学方法,都将归于某种组织形式当中。在课堂教学当中,有三种教学组织形式,分别为个别指导教学、小组教学与集体教学。为了能够顺利开展教学活动,教师需要掌握多种教学技巧,其中,能够选择行之有效的教学组织形式是教学技巧当中关键的一环。需要注意的是,任何教学组织形式都不是万能的,在必要时可以将三种教学组织形式有机融合,共同使用,以确保教学目标的实现。

（5）了解学生特征

学生的基本特征是教学方法选择的前提。如果在选择教学方法时,不重视学生的特征分析,那么教学效果也很难达到预期效果。对学生特征进行分析,通常情况下可从以下三个方面入手:第一,分析学生的一般特征,如学生的生理特征、心理特征、社会特征等;第二,分析学生的起始特征,如学生对所学内容的态度,对所学专业的学科知识内容的准备情况,对相关知识与技能的掌握等;第三,了解学生的学习风格,即学生对不同刺激的感知以及所作出的反应。

（6）了解教师特征

选择教学方法时,教师的自身特征是主观条件。在教学实践当中,教师会表现出不同的特征,这些特征会对教学方法的选择产生影响。每个教师都有着自己的不同个性,这些不同体现在教学理念、教学观念、知识储备、教学风格特色、教学经验累积、语言表达能力、媒体应用能力、教学分析研究能力等方面。在选择教学方法时，教师必须充分考虑到这些因素，才能使教学方法符合自身特色，才能在实际运用当中更加游刃有余、得心应手，使教学方法发挥出应有的效果。虽然有些教学方法十分热门，但如果不符合教师的自身特征，教师也就难以驾驭这种教学方法，教学效果也将大打折扣。

（7）选择教学媒体

选择哪种教学媒体也是选择教学方法时需要认真考虑的重点问题之一。在当前现代信息化社会中，教学越来越与科学信息手段息息相关，各式各样的教学媒体层出不穷，所承载的教学功能也越来越丰富。因此，能否选择合适的教学媒体，会直接影响到教学效果的好坏。

在选择教学媒体时，需要遵循一定的标准，主要有以下三点：一是适合度，教师需要分析选用的教学媒体是否与教学内容相吻合；二是难易度，教师需要明确选择的教学媒体是否符合学生的发展水平、智力水平与知识水平；三是经济性，教师需要明确在使用教学媒体时，所付出的与所收获的是否成正比。毕竟，在教学过程中并不是越现代化、越科技化、价格越昂贵的媒体就越好，关键还是在于是否符合教学内容与学生实际情况。故而在选择教学媒体时，要结合教学要素，针对性地展开分析，选择合适的教学媒体。此外，多种媒体可以有机融合，组合运用，相互补充、相互促进，充分发挥整体性功能，实现教学过程的优化。

（四）高校思政课程实践教学的主要方法及应用

1. 讲授教学法及其应用策略

（1）讲授教学法的概念

讲授法是一种直接教学，是教师通过口头语言行为向学生系统传授知识，并促进学生情感和思想品德发展的教学方法。讲授法是一种在课堂教学中使用的教学方法，教师对课堂时间进行合理分配，直接将知识信息传授给学生，使教学目标得以实现。对于那些学生必须掌握的且有着明确定义的知识或技能，直接教学是一种十分有效的手段。讲授法是思政课程教学中最主要的教学方法，几乎任何一种教学模式和教学方法都包含讲授法。由于讲授法的特殊性与重要性，许多教学理论家都明确提出了运用讲授法的教学策略和规范。我们还可以从前述各种教学理论中吸取讲授法的一般教学策略。

讲授法主要有讲读、讲述、讲解、讲评等不同形式。讲读是讲和读的结合；讲述是介绍学习材料、叙述事物变化发展的过程等；讲解是对概念、原理、规律进行分析解释或论证等；讲评主要是对理论和原理以及对学生的学习过程和结果进行评价。讲读、讲述、讲解和讲评的区分是相对的，实际上它们之间相互联系。

（2）讲授教学法的一般步骤

综合赫尔巴特的"四步教学法"、杜威的"五步教学法"以及相关教学理论，运用讲授法一般要遵循以下步骤：①组织教学，简明地阐述学习目标，集中学生注意力，激发其学习动力；②扼要地回顾和复习先前学习的相关知识，激活学生相关的背景知识，逻辑地提出新的学习内容，可以运用前后知识衔接、创设疑难情境、运用案例典故等方式引入新课；③讲解新知识，根据学生学习的状态调整教学节奏；④围绕教学内容简要讨论并回答学生提问；⑤课时教学小结，提出需要思考的问题或将要学习的内容。

（3）讲授教学法的内容与策略

①讲授法的内容要求。讲授法最重要的要求是对讲授内容本身的要求。讲授内容和内容的呈现要有条理性，切忌缺乏关联性和逻辑性、杂乱无章；要突出基本性和基础性，分清哪些是"主食"，哪些是"辅料"，"辅料"要为"主食"服务，不能"辅料"太多而"主食"只是简单带过；要突出导向性，案例和例证要为讲授服务，切忌"跑偏"，案例和例证要富于典型性、教育性和启发性；还要注重讲授内容的整体性，善于将知识的横向与纵向贯通起来，避免讲授内容的孤立化和碎片化。

②讲授法的策略要求。有效运用讲授法，需要认真研究和思考如何讲授的问题。讲授法需要有效的策略，是否善于运用有效策略是影响讲授法效果的重要因素。例如，要结合教学内容的难易、主次、顺序、系统而采取先讲、后讲、重讲、略讲、不讲、精讲、串讲等方法。其中，破题内容先讲、结论性知识后讲、难点内容细讲、重点内容精讲、次要内容略讲、系统内容串讲、过于简单的内容不讲。讲课时应留有余地，耐人寻味，要启发学生积极思考，"道而弗牵、强而弗抑、开而弗达"，学生思维随着教师的讲授而兴趣盎然、全神贯注，从而使学习卓有成效。再如，强化所学知识与学生已有知识的联系、课程内部知识与其他课程知识的联系；由抽象引入到具体例证和分析，再到总结，或由具体列举引入到分析

概括，再到总结；适当运用视觉辅助；有条理地呈现材料，控制单位时间内的合理信息容量等，都是讲授法的重要策略。

（4）讲授教学法的注意事项

口头语言行为是讲授法的核心要素。语言要清晰流畅、准确精练、条理清楚，讲授的音量和速度要适度，语调要抑扬顿挫，要根据学生的专注程度有意识地调节。要辅之以眼神、手势、姿态和面部表情，提高语言的感染力。教师需要尽力克服自己不经意间的小动作，如望窗外、看天花板、摆弄粉笔、无意义的复述与重复等。在讲授的过程中，教师需要时刻关注学生的反应，收集学生的反馈信息，调整自己的语速、声音大小，避免语速过快或过慢、声音过大或过小。而那些不能用语言进行表达的部分，教师需要用自身行为让学生感受到教师对于知识的热爱，对于教学的热情以及对于学生的关爱。这就要求教师在讲授时，心中要有学生，要注重教态和教师仪表，要饱含教学热情。

2.讨论教学法及其应用策略

（1）讨论教学法的概念

讨论教学法，顾名思义就是以讨论作为核心教学活动的教学法。讨论教学法需要在教师的组织与引导下完成，使学生在语言交流的过程中达到预期教学目标。讨论教学法自古有之，早在古希腊时期和我国春秋战国时期，就已经被广泛应用。著名古希腊思想家、教育家、哲学家、科学家亚里士多德认为"人类天生具有求知欲"[1]，学生在轻松的合作性校园环境下，自身的潜能能够得到充分的发挥，求职本能得到充分的激发。著名古罗马教育家昆体良提出，学生能够在互相帮助、互相学习的过程中收获更多有益的观点，他一直强调："如果孩子能够有一些同学，首先模仿他们，然后就超过他们，这是有益的。"[2] 由此可以看出，讨论教学法历史悠久，广受人们的关注，使用范围十分广泛。讨论教学法以讨论为主，因此教师需要认真设计讨论问题、推动讨论的开展、对讨论结果进行汇总、发展讨论的实际成效等，帮助学生在互帮互助中掌握知识。

---

[1] 亚里士多德.形而上学［M］.重庆：重庆出版社，2019：1.
[2] 昆体良.昆体良教育论著选［M］.北京：人民教育出版社，1989：24-25.

(2)讨论教学法的一般步骤

教师在实际运用讨论教学法时,需要按照下列步骤进行组织。第一,结合基础知识与社会技巧的实际要求,对讨论的目标进行确定。第二,明确讨论的具体内容。通常情况下,需要讨论的问题是具有分歧性的,带有一定的开放性,与教学的重难点息息相关,学生难以独自完成。第三,根据教学要求与课堂实际,立足讨论目标,从实际出发,对学生采取不同形式的分组。第四,确定讨论的形式,如采用开放式或半开放式等不同形式的讨论方式,但具体选择仍要结合实际。第五,组织讨论,教师将学生划分为不同的小组,并按照事先计划,组织学生展开讨论。第六,对讨论结果进行归纳总结,教师需要引导学生对不同的观点进行梳理、归纳、总结,由此得到正确的认知与结论,而这一过程,也有效促进了学生思维方式的发展。

(3)讨论教学法的注意事项

使用讨论教学法,需要明确学生的接受水平,为此,教师需要事先做好充分的准备工作,预先设想学生在讨论过程中可能出现的问题,并制订相关解决策略。此外,还要对讨论的进程进行干预与控制,准确把握时间,使学生的兴趣与热情在讨论过程中始终保持在一个高昂的水平。

3. 问答教学法及其应用策略

(1)问答教学法的概念

问答法或谈话法是通过师生问答、对话等形式来展开学习和探究的一种教学方法,一般与讲授法同时运用,也可独立运用。问答法有助于通过师生互动来激发学生思维,培养其独立思考的能力和言语交际的能力,是思政课程教学广泛运用的方法。

运用问答法主要是为了深化学生对问题的思考和探究,同时也是为了评估学生对教学内容的掌握情况。不宜将问答法作为课堂管理的一种手段,例如,用偏难的问题来提问没有专注听课的学生,或用问答方法来检查学生课堂出勤情况等。问答法强调师生双方围绕一个问题层层深入地探究,其目标指向是加深学生对问题的理解而不是管理学生。同时,要让学生体会到教师运用问答法的动机的真诚性,否则,问答法就会失去其作为教学方法的意义。

（2）问答教学法的一般步骤

问答教学法在运用中的三个步骤：第一步是设计问答计划，问题要明确、有挑战性；第二步是开展问答教学，教师要善问，要设计从一个问题过渡到另一个问题的策略，提问、设问、追问、反问等要注重激活和深化学生的思考；要注重启发引导，揭示问题的关键和本质所在，提示分析问题的可能视角；第三步是问答总结，要概括问题的实质，梳理回答问题的视角，归纳和分析对问题的各种观点，启发进一步思考的路向。

（3）问答教学法的注意事项

运用问答法要避免两种倾向：一种倾向是教师居高临下，对学生不愿意或不会回答的情况一味责备，不能容忍学生回答错误，不能容忍学生同教师有不同的意见等；另一种倾向是把问答法形式主义化，片面理解和追求课堂活跃度、学生参与度或"抬头率"等，用简单低级的问题，一问一答机械地进行，浮于表面的"热闹"或"表演"，没有学生的专注和审思，没有师生间的深度对话和交流。真正意义上的教学互动、学生专注和参与，不是表面的"热闹"，而是理智和情感的投入以及思索过程中的热情与陶醉。

4. 自主学习法及其应用策略

（1）自主学习法的概念

对自主学习法，很难给出一个严谨的界定，一般来说，它是一种以学生为中心的教学方法，在这种教学方法中，学生可以对自己的学习活动进行事先计划和安排，对自己的学习过程进行调节、修正和控制，对自己的学习结果进行检察、评价、反馈。它是一种独立的学习、主动的学习、元认知监控的学习。

自主学习不能等同于自学。两者最明显的区别是自主学习存在于学校情境，是在教学条件下进行的，是以班级上课制为组织形式的，而自学常与"教学"无关。此外，两者在动机、方法、时间、效果、指导等方面，也有着较大差异。

罗杰斯倡导的"非指导性教学"是自主学习的重要理论依据。这种教学理论以罗杰斯的人本主义心理学为基础，为自主学习提供了理论支撑，使自主学习从传统的"指导教学"中分离出来，成为一种相对独立的教学方法。

（2）自主学习法的一般步骤

很难确定自主学习法通用的教学步骤，但大致上包括以下几个环节，分别为激发学习动机、自主确立学习目标、制订学习计划、进行自主学习、自主开展学习效果评价、教师引导归纳总结等。这几个环节在教学中要注意灵活应用。

（3）自主学习法的注意事项

教师在应用自主学习法进行教学时，需注意为学生创设良好的课堂环境，为学生提供合适的学习材料，营造良好的课堂心理氛围，根据不同学生的不同情况采取多种指导方式，鼓励学生参与课堂管理。

5. 合作学习法及其应用策略

（1）合作学习法的概念

合作学习法是近年来受到国内外教育界广为关注的一种教学方法。当前，随着高科技的不断发展，科学技术与教学之间的联系也越来越紧密，所涉及的学科类别也越来越丰富。因此，学生需要解决的问题也越来越综合化、复杂化。然而，个人的能力终归有限，因此必须依靠集体，在集思广益与齐心协力之下，去攻克一个又一个难关，取得新的突破。虽然合作学习受到广泛的关注，但对合作学习的界定似乎远未达到一致。一般来说，合作学习讲求学生之间的共同协作，在小组这一基本形式之下，小组成员互帮互助、相互配合、集思广益，围绕着一个共同的目标进行不断的努力，最终促使每个人都能够得到一定程度上的进步与发展。

对于合作而言，合作学习是其尤为特殊的一种表现形式。合作学习主要以小组教学的形式开展，以师生、生生之间的互动为基本特征，共同围绕一个目标进行合作学习。它突出强调以下几点：第一，突出强调共同目标，小组成员围绕一个共同目标或寻求共同的利益而合作努力；第二，突出强调小组成员之间的相互协调与配合，缺乏协调配合的合作不是真正意义上的合作，只有个体与个体之间充分协调配合，才能实现共同目标，收获共同利益；第三，突出强调群体目标与个体目标之间具有一致性，也就是说，在合作的过程中，在实现群体目标的基础上，个体目标也能够实现，在获得群体利益的同时，个体利益也能够得到满足。

（2）合作学习法的一般步骤

在实际运用中，教师需要注意把握以下基本操作环节：一是精心进行教学设计，对合作学习目的、内容、方式等做较为周密的预设；二是可以依据学生的年龄、性别、学习能力、知识水平和技能等合理划分学习小组；三是明确各成员任务分工，各尽其职；四是各小组按照预先布置的学习任务，进行讨论、探索，教师深入参与小组活动，充当"咨询人"或"参与者"的角色；五是在学生进行小组交流的基础上，教师进一步进行归纳讲解。

（3）合作学习法的注意事项

在合作学习中，教师还应该注意引导学生认识合作学习的意义，激发学生参与合作学习的热情；注意选择适宜进行合作学习的课题，对学生进行合理分工，让每一个学生都能参与其中，并各司其职，围绕同一个目标而努力，并在合作过程当中，使学习效率得到广泛提升。教师应根据实际情况，确定合适的合作方法，要注意给学生留有充足的学习时间，要注意深入小组，了解学生合作学习的情况，并及时加以指导和调控。

6.范例教学法及其应用策略

（1）范例教学法的概念

范例教学法更多地属于一种教学理论流派或教学模式。之所以在这里对其加以阐释，是因为它对于思想政治课程实践教学具有重要的方法论启示。教师在教学过程中选择最基础的知识作为范例，就是范例教学法。教师在利用范例教学法开展教学实践时，很容易获得举一反三的教学效果。范例教学法的代表人物是德国教育实践家瓦根舍因（Martin Wagenschein）、德国教育家施滕策尔（A.Stenzel）和德国教育家克拉夫基（Wolfgang Klafki）等。"范例"源于拉丁语"exemplum"，即"好的例子""典型的例子""特别清楚的例子"。它强调，人既没有必要也没有可能毫无遗漏地掌握一个学科或一门课程的所有知识，教学主要不是面面俱到地传授具体知识，不是要让学生掌握大量细枝末节的材料，而是要传授知识体系的"范例"，即本质性、结构性和规律性的知识。范例教学法可以有效解决海量知识信息与较少教学课时之间的矛盾，更重要的是有利于帮助学生通过掌握范例来理解知识体系并学会学习。

教师在选择范例时，需要遵循三项原则，分别为基本性原则、基础性原则以及范例性原则。基本性原则，就是指在教学过程中，教学内容需要体现出课程基本知识内容的规律与结构，例如基本知识、基本理论、基本原理、基本概念、基本规律等；基础性原则是指教学内容是以学生的基本经验和发展水平为基础，与学生的生活经验有内在联系，能够激发学生心灵和照亮学生精神世界的知识；范例性原则是指教学内容能够成为沟通学科知识结构与学生思维结构的桥梁,是具有代表性、典型性和启发性的知识。

(2)范例教学法的一般步骤

开展范例教学需要遵循下列四个基本步骤:一是范例性地学习"个",也就是用个别的案例来说明事物典型的特征;二是范例性地学习"类",即由个案出发,探讨"类"现象,把握"类"特征;三是范例性地掌握规律和范畴的关系,揭示"类"现象和"类"特征背后的规律性;四是范例性地得到自身生活经验,在教学过程中,教师需要将客观知识的讲授转变为帮助学生理解自身的精神世界,将所学科学知识转化为经验,投射到生活实践当中。范例教学过程的精髓是由"个别"上升到"一般",把个别知识的学习与系统知识的学习联系起来;由客观转变为主观,把客观知识内化为学生精神世界的元素,实现教学与教育的统一。

(3)范例教学法的实施要点

教师要对教学内容做五个方面的分析,这是实施范例教学法的关键着力点。这五个方面的分析如下:①基本原理分析,即分析本范例讲授涉及哪些具有普遍意义的知识,可以使学生掌握哪些基本原理和基本方法;②智力作用分析,即分析本范例教学所涉及的基本知识,基本原理和基本方法对于发展学生的认识能力有什么作用,通过分析来明确教学重点;③未来意义分析,即分析本范例讲授对学生今后的生活有什么作用,采取什么措施帮助学生认识这些范例知识对于他们未来生活的意义;④教学内容结构分析,即分析本范例在整个教学内容体系中的位置,以及范例的要素及其层次,教学难点和重点等;⑤内容特点分析,即分析本范例在形式、内容、性质等方面有哪些特点,运用哪些有效手段激发学生的兴趣,达到教学目标。

7. 探究学习法及其应用策略

(1)探究学习法的概念

探究学习法是在20世纪50年代被提出的。从某种程度上而言,学生学习的过程类似于科学家分析研究的过程。所以,学生需要主动去发现问题、分析问题、解决问题,并在实际的探究过程中丰富自身经验、学习理论知识、促进技能发展、推动能力塑造、提高创造能力,并在接受思维、精神、价值观念、科学方法的教育基础上，使自身个性得到长足发展。

探究学习法有着自主、开放、实践等特色，在探究式学习中，学生以积极主动的状态进行学习，并且能够对学习进程进行主动设计与控制。在教育活动中，学生以主人翁的姿态投入学习当中，积极主动参与各式各样的活动当中，努力解决实际问题，优化社会环境，承担起社会职责，肩负相关责任。由此，开展教学的场所也就发生了改变，由室内转为室外，由学校转为社区，学生在实践过程中获取知识与技能，弥补了单纯理论讲解获取知识的不足。在探究学习当中，学生能够充分结合理论与实践，有助于学生认知并解决相关社会问题。

（2）探究学习法的一般步骤

探究学习法的类型与表现形式各式各样，其中西方的探究式学习更是发展出了与我国不同的理论流派，也就是说，对于不同的研究者而言，探究学习的一般步骤有所差异，有着不同的表现形式。但总体上而言，可以分为以下步骤：提出问题、决定探究方向、组织研究、收集资料、得出结论、开展实践活动等。

（3）探究学习法的注意事项

探究教学法与其余的教学法相比，在实际应用时要更为复杂，因此在实践过程中，需要着重注意以下几点：第一，要令每一个学生都参与探究实践，确保每个学生都有探究学习的机会，防止有个别人独占探究机会；第二，保障学生在良好的环境中进行探究学习，在时间、空间、设备等方面为学生提供必要的支持；第三，探究的问题要具有实用性，与社会生活实际相结合；第四，及时、恰当地对学生提供必要的指导；第五，充分了解掌握学生的基础与认知水平，帮助学生进行反思，获得反馈；第六，加强学生之间的交流与合作；第七，重视学生在进行探究学习时的感受与体验，结合学生不同的身心特征提出不同的探究学习要求。

二、高校思政课程实践教学功能

高校思政课程实践教学具有多方面功能，不仅能为中国特色社会主义思想政治教育教学实践活动提供保障，还为高校思政教育教学实践的落实提供方法。此外，在塑造大学生马克思主义价值观点、理论、立场、方法，培养大学生形成社会主义核心价值观方面，也起到了建构的作用。

（一）保障功能

1. 师生顺利高效完成思政课程任务

保障大学生与教师能够顺利完成思政课程的学习任务，实现教学目标，是开展高校思政课程实践教学的重要功能之一。能够使教师对思政课程教学实践的本质达到更深层次的理解，掌握其中规律，引导学生把握学习内容，提高学习效率。

若想要实现高校思政的教育功能，首先需要加强对思政课程基本范畴的分析研究。可以说，思政课程的基本范畴是实现思政教学保障功能的前提所在。所谓思政课程基本范畴，是一种经过高度凝练之后的科学抽象的概念，人们基于此进行分析研究，打造一套完整的科学体系，丰富了教学实践活动深层次的内涵，并揭示研究对象的本质与规律所在，保障师生完成教学任务，实现课程目标。下面论述思政课教学基本范畴对实现高校思想政治课程保障功能的具体体现。

思政课程教学的基本范畴蕴含着学科教学中的理论知识，是分析研究思政课程教学理论的有效手段。基于此对教学过程进行推演，将理论概念进行移植，然后运用多种方法，结合教学中的种种关系，产生全新的认知，并对这种新的认知进行归纳总结，探寻出其中的特性，构架出新的范畴，新理论就诞生了。因此可以看出，思政课程基本理论框架的创新和发展与范畴的形成息息相关，而思政课程教学的变化也会对教学理论产生影响。在不断地分析、发展与创新的过程中，研究者能够对思政教学领域的现象产生全新的认知，如关系、特性、范畴基本内容等。

通过对教学范畴的深入研究，教师可以对教学过程中遇到的各种现象进行分析，并从感性认知转变为理论认知，为思政教学实践指明发展方向，为高校师生完成教学任务提供保障。

2. 为大学生树立积极正确的理想信念

学生在学习思政课程的过程中能够正确、全面地掌握马克思主义的相关理论，有效避免了部分学生以偏概全、用个别现象去否定马克思主义价值立场的情况发生。在思政课程教学中，教师需要采用科学的教学方法给学生进行讲解，帮助学生理解其中的内容，领悟其中的内涵，帮助学生进一步了解掌握科学的世界观与方法论，提高学生利用马克思主义理论解决实际问题的能力。

在思想政治教学实践过程中，教师通过对该过程中出现的种种现象、疑难问题进行分析和阐释，使学生更好地把握思想政治教育的科学理论和实践方法，从而有效保障大学生树立正确的政治信仰和理想信念。

（二）构建功能

1. 完善高校教学体系

自从阶级产生以来，阶级、政党、组织等利用自身的理论、思想、意识形态对其他人的实践活动进行教育与影响，就是思想政治教育。思想政治教育是一项教育活动，以自身的价值观与理想信念为基础，以对社会群体进行有组织、有计划的潜移默化的影响为目的，促使社会群体主动接受这种教育影响，最终形成符合社会、阶级所需的实践活动。而大学生是社会发展的中坚力量，他们的思想意识、价值观念在一定程度上影响着社会未来的发展，高校有必要加强对大学生思想观念的教育和指导，以实现为社会输送高素质人才的重要目标。由此可以看出，思政课程在高等教育发展中具有极为重要的地位，是高校教育体系当中的重要组成部分。正因为高校思政课程实践教学，才促进了高等教育体系的完善，才能保证大学生全面发展，使大学生为社会主义建设事业贡献力量。

2. 弘扬社会主义核心价值观

社会主义核心价值观作为时代的产物，属于意识形态方面的成果，是社会意识形态的本质体现，决定了社会意识的方向与性质，指明了当今社会的价值取向，是我们在日常生活中需要共同遵守的行为准则，是构筑社会共同体的思想基础和精髓。社会主义核心价值观是具备最大道德公约数和价值认同感的价值观，它是全国人民共同精神家园的核心与基础，既蕴含了我国传统文化当中的人格要求与道德底线，也承载了人民对生活与社会环境的梦想与追求。社会主义核心价值观充分融合了人类社会文明的发展成果，具象化表述了中国特色社会主义事业与中华民族伟大复兴中国梦的价值所在。

随着改革开放的不断深入与经济全球化进程的推动，高等教育面临着严峻的考验。当前，在意识形态领域当中，各式各样的意识形态冲击着大学生的思想，对大学生核心价值观的塑造造成了一定程度上的干扰。高校的根本任务在于立德树人，而为了有效落实这一根本任务，就需要将社会主义核心价值观融入思政教育工作当中，以此推动立德树人这一根本任务的完成。当代大学生思维活跃，有着极强的执行能力与实践能力，此时对大学生进行社会主义核心价值观的培养与塑造，对人才培养工作有着极为重要的现实意义。高校引导学生走向正途，高等教育启发学生的智慧，这一切都离不开高校思政课程教学活动。高校思政教学课堂是培养学生社会主义核心价值观的主要场所，在这里，社会主义核心价值观的导向功能得到了充分发挥。在开展思政课程教学时，要尤为注意社会主义核心价值观的作用，促使思政课程向课程思政进行转变，结合其他各类学科，打造完整的、科学的思政教育体系，将社会主义核心价值观的内涵融入学生的思想与理念当中。

学生接受社会主义核心价值观的程度与思政教学实践的深度与广度息息相关，甚至会影响到学生理论体系的构建。当学生对马克思主义的认可度越高，那么对社会主义核心价值观的接受度与认知度也就越高。随着思想政治教育的不断深入改革，教学活动形式也越来越多样化，教学内容也越来越丰富多彩，教学的时效性与针对性要求得到提高，在体系当中所起到的作用与所处的地位也随之发生变化，向着更高水平发展。思政教育理论体系的构建方式与实践教学的构建方式能够相互促进、相互影响。总而言之，高校思政课程实践教学对弘扬和培育大学生的社会主义核心价值观具有重要意义，对构建和完善高校育人体系具有重要价值。

（三）方法功能

思政课程是为学生传授具体科学知识的课程，体现了教学过程中方法论的指导。思政教育教学的方法功能可分为三个方面：第一，利用辩证思维与认识客观世界的方法，为大学生在成长过程中遇到的问题进行答疑解惑；第二，充分发挥思维与认知客观世界的方法手段，结合思维发展的各个环节，使大学生得到全面的发展；第三，揭示现实对象的内在关系与本质规律，激发学生思维，推动高校社会主义精神文明的建设。

1. 为成长中的大学生答疑解惑

高校思政课是开展思政工作的主要场所与途径，与学生的学习发展有着十分紧密的关系，肩负着为学生答疑解惑的重任。思政教育教学是思政课程实践教学的研究对象，是对思政课程实践教学这一教学领域的最本质、最基本特点和规律的总结与提炼，突出体现在为遇到成长烦恼与困难的大学生进行答疑解惑，提供方法指导。思政教育教学为学生的成长提供了正向的指引，而不是简单直白地进行思想理论知识的灌输，其重点落在了培养学生解决问题的能力上。思政教育教学的特点决定解惑这一方法功能的重要性。

大学阶段是学生发展与成才的重要时期，大学生的思想价值观念仍未定型，无论是生活、学习，还是社会实践，都有可能会给大学生带来各式各样的困扰，此外，社会新闻、影视作品等也能够影响学生的思想与情绪。教师需要及时对学生的问题进行答疑解惑，对学生进行正向的、积极的引导，才能够促使教学的针对性与实效性得到有效提升。思政教育教学立足于充满逻辑性的辩证思维，当学生面临多方面的疑惑时，教师需要对问题进行全面掌握，引导学生坦然面对，然后及时对学生进行问题的解答。学生产生问题与困惑并非不好的事情，当疑问产生时，学生的思维得到了发展与开拓，有助于教学工作的改革与发展。

在开展思政教育实践教学时，不仅要对理论知识进行正向的传授，还要关注学生的学习反馈，时刻解答学生在教学当中产生的疑问，推动学生形成理论知识的深层次认知，增强教学中问题的意识引导，提高教学的针对性与时效性。所以说，高校思想政治课程实践教学能够帮助解决大学生成长过程中各种思想困惑，并以此为契机，促进学生思想进步和健康成长。

2. 促进大学生的全面发展

思想发展是大学生全面发展的最为关键部分，只有思想观念正确，才能为学生提供正确的引导。学生对于世界的认知，是一场历经辩证的认知活动，只有帮助学生形成了对世界的正确认知，学生的发展方向才不会偏离，才会坚定不移地走在正确的道路之上。思政课程理论教学是抽象的，思政课程实践教学是具体的，二者将生动、客观的内容作为研究对象，对树立学生正确的思想观念、提升学生的思维能力具有重要作用，并以此为契机，促进大学生的全面发展。

3. 推动高校社会主义精神建设

加强社会主义精神文明建设是一项重大战略任务，高校作为人类文明成果的集散地和展示人类文明的窗口，对于这项战略任务有着义不容辞的责任。因此，把高校建设成为社会主义精神文明的重要基地，充分发挥高校在社会主义精神文明建设中的作用，是广大高校教师所面临的一个非常重要而又亟待解决的问题。思政教育教学正是一种行之有效的办法，它使社会主义精神文明建设进课堂、进头脑的任务落到实处。为此，要理论联系实际，为培养和造就一批社会主义建设者和接班人而努力奋斗。

三、高校思政课程实践教学机制

高校思政实践教学需要紧紧抓牢时代机遇，推动多方面的协作与创新。教育的主体也需要不断精进自己的技术水平，提高自身素质。另外，教育者要顺应新时代的特点，对高校思政课程实践教学机制进行改革和创新，这样才能给学生构建更好的学习环境。

（一）顺应大数据潮流，完善人才建设机制

只有具备专业知识与素养的技术型人才才能够熟练运用大数据技术，因此，若想要利用大数据来提升思想政治教育教学效果，就必须要掌握相关的专业技术。在过去，思政教育工作者只关注自身专业领域内的知识、技能与教学经验，而不重视大数据技术的运用，这一点不利于高校思政课程的发展与改革。当前社会急需复合型人才，为此，必须培养既拥有丰富的理论知识与教学经验，还具备高超技术能力的专业化人才。当前，我国急需打造这样一支全面发展的人才队伍，使思政教育教学质量得到大幅度提升。

1. 完善大数据硬件设备

当前，大数据逐渐影响到了各行各业，在医疗卫生、企业发展、教育教学等各个领域当中得到了广泛的应用。其中，我国高校在利用大数据技术进行教育资源的开发时面临诸多的问题，其中缺乏资金保障与技术保障是问题的根本所在。因此，在进行专业人才队伍建设之前，需要得到政府的支持，提供大量的资金投

入，以完善校园的硬件设备，如GPU、内存、外存等基础性设备。只有在完备的基础设施下，才能够确保教学资源的数据收集与分析处理得以顺利进行。

2.优化师资队伍建设

当前，我国国内掌握数据技术的专业型人才十分稀缺，而兼备思政教育理论基础的综合性人才就更稀少了。但是为了保障学生的信息安全，达到更好的教学效果，却又急需这种专业化的人才加入高校思政教学建设当中。为此，各大高校可以选择外聘专业素养较高的人才，不仅能够保障信息安全，使教学实践顺利进行，还能够对思政课教师进行培训指导，使思政课教师的大数据应用水平得到提升。当代大学生头脑灵活，对于新鲜事物接受速度快，学习能力强，高校还可以趁此机会吸收优秀的学生骨干，对其进行培训，提升优秀大学生的大数据素养，使学生骨干也能够投身到服务学生的队伍中来。此外，有了大学生的加入，在开展学生数据收集、信息收集等活动时，也就更加便利，更能及时发现学生所面临的问题与困扰，从而及时进行引导解决，不仅拉近了教师与学生之间的距离，还提高了教学质量。

3.加强大数据理论和技术培训

教师需要不断地学习，才能够在碎片化教学环境中保持教学内容的吸引力，从而激发学生的学习积极性。

在大数据时代，高校思政课程建设不仅需要专业知识过硬的思政课教师，还需要综合素质水平较高的思政课教师。这些教师有着丰富的专业知识，有着极高的数据处理分析能力，为高校思政教学提供了积极的影响。为了提高思想政治教师的大数据理论与技术素养，学校可以组织专业的技术型人才对专职思政课教师进行培训，转变思政课教师的教学思想，改变固化的教学理念，让大数据理念与思维进入思政课教师教学理念体系。加强技术培训，培养教师收集、汇总、分析、处理数据的能力，只有教师能够独立处理数据并进行分析，才能够及时得到数据分析的结果，然后结合自身的专业素养，对学生的问题进行及时解答，而这也就是开展培训的目的所在。

（二）建立舆情预警机制，关注大学生想法

随着时代的不断发展，网络已经成为舆论发展的主要阵地，很多学生从网络上获取信息，了解社会热点新闻，并提出自己的看法。为了及时了解学生的思想变化与发展，为开展思政课程实践教学提供充足的理论依据，各大高校可以设立舆情预警机制，对大学生的思想情况进行监测。关于大学生的舆情可分为不同的类型，有利于大学生发展的健康舆情，也有不利于大学生发展的不健康舆情。教师需要在健康的舆情当中挖掘教育资源，对大学生展开正向教育，同时规避不健康舆情对大学生可能产生的影响，帮助大学生形成正确的价值观。可见，建立舆情预警机制，能够有效控制网络上的不健康舆情对大学生产生影响。

1. 建立信息收集机制

随着大学生上网时间的不断延长，学生在网络上留下来的痕迹也越来越多，教师应从这些痕迹中发现大学生思想与行为的转变，从而有针对地开展教学活动。教师收集学生信息的途径有很多，如微信、QQ、微博等社交软件，以及学校论坛、校园网站等网络平台，都可以实时了解学生的思想情况。但需要注意的是，教师需要保护学生的隐私，并以此为前提，收集学生的言论信息，分析学生的思想变化。

2. 要建立舆情监测机制

除了要对学生信息进行收集，了解学生思想变化之外，教师还需要对网络环境进行监测，例如对社会热点新闻进行监测，并分析舆论导向，建立舆情监测机制，及时捕获敏感、错误、偏激的言论，有针对性地制定应对措施，调整教学内容，使教学得到进一步的发展。

3. 建立舆情研判机制

在建立舆情预警机制时，建立舆情研判机制是重要环节之一。教师需要以充足的数据信息为基础，对舆情进行研判与筛选，剔除错误信息与不良信息，对有效信息进行提炼。从复杂的舆情当中找到健康的导向，帮助学生形成正确的"三观"，推动思政课程教学实践的发展进程。

(三)建立学业考评机制，了解学生学习效果

为了检验思政教学效果，进行学业考评是十分有效的手段。建立学业考评机制的目的在于对学生的学习情况与思想状况进行考察，从而帮助教师充分了解学生对知识内容的接受程度。在传统的思政教育中，教师通常依靠自己的观察与经验，对学生的学习情况、生活情况进行掌握，但这是一种定型化的分析，主观性较强，难以保持绝对的客观，容易受到教师主观情感上的影响。而在大数据时代的思政教育则对学生学习情况、生活情况进行了定量化分析，通过考评机制对学生的情况进行直观的呈现，使教师能够直观、精准地把握学生的学习情况、生活情况，从而有针对性地调整教学内容与教学方法，为学生答疑解惑。由此可见，建立学业考评机制，为提升思政课程的教学效果提供了保障。

1. 制定严格的考评标准

建立学业考评机制需要制定一套严格、可行的标准，从而帮助教师直观地了解考评信息，明确考评内容。高校思政课程实践教学考评内容的安排不能仅涉及思想政治理论知识，还需要结合实际，对学生关于时事热点内容的看法进行考察，从而把握学生的思想变化。例如，考察大学生对国家政策了解程度的高低以及个人理想信念的强弱，通过大数据进行分析，就可以掌握当代大学生对时事政治的热情程度，以及自身意识形态是否处于良性状态，教师基于分析结果，就可以对教学内容与教学方法进行调整，从而提升教学效果。

2. 组建专业的考评队伍

大数据的相关技术十分复杂，教师使用起来可能会面临一定的挑战，为此，就必须打造一支专业的考评队伍，来对信息进行收集、归纳、汇总、分析、研究。如此就可以保证考评的客观性与专业性。当前，我国掌握大数据专业技术的思政教师比较少，因此培养思政课教师的大数据技术能力十分有必要，或是在开展思政教学时，配备专业的大数据技术性人才来辅助教学，以提升教学效果。高校需要加强思政课教师的大数据技术培训力度，打造出一批思想政治理论知识过硬并能够掌握大数据技术的综合型人才，这样才有利于推动高校思政课程实践教学的发展。

第三节 高校思政课程实践教学的性质

实践教学是当前高校思政课程教学中不可替代的重要环节，经过这些年的教学改革与实践，各高校已形成共识。同时，在新的形势下，思政课程面临新的机遇和新的挑战，思政课程实践教学的重要性和迫切性显得更加突出。然而，究竟什么是高校思政课程的实践教学？它与教师和同学们熟悉的思政课的课堂教学、与一般的社会实践活动和各类专业课的实践教学有什么不同和联系？这是在开展高校思政课程教学时每一位师生都必须要明确的问题。

高校思政课程实践教学需要在教师的组织引导下，朝着事先制定好的教学目标发展，然后结合教学大纲与教学计划，在高校思政课程的理论教学基础上组织和引导大学生主动参与实际生活和社会实践，通过具体实践途径，获得思想道德方面直接体验的主要内容，帮助大学生进一步理解、吸收、内化基本理论、原理，从而进一步树立马克思主义的世界观和方法论，以提高大学生思想道德素质。它有以下七个显著特征。

一、多样性

高校思政课程实践教学的形式各式各样，有体验式的实践教学，组织学生进行社会访查、调研；有参与式的实践教学，组织学生参加"志愿者""三下乡"等社会服务；有综合式的实践教学，结合了参与式与体验式实践教学的特征展开实践活动。思政课教师是实践活动的组织者与引导者，需要结合课程教学内容来对实践活动的内容与形式进行设计。

二、课程性

课程性是思政课程实践教学区别于其他实践活动的一个显著特征。它是一种课程意义上的实践教学过程，与课程的理论教学相呼应，具有一定的课程结构、相应的实施规范和考核办法，集中体现出实践教学服务于课堂教学的教育教学本质。该特征决定了思政课程实践教学活动具有目的性与指向性，为实践教学活动的开展奠定了基础。需要注意的是，课堂的理论教学需要安排在实践教学活动之前，只有学生具备一定的理论基础之后，才能在实践活动中进行验证与运用，才能达到实践教学的预期效果。

三、自主性

思政课程实践教学能够充分反映出学生的主体地位，而尊重学生的主体性，也是开展实践教学的根本。实践教学活动离不开学生的主动参与，因此在开展实践教学活动时，需要重点关注大学生自我教育的主体地位和自我调控的能动地位。在实践教学活动中，要给大学生提供充分的自由，激发大学生的主观能动性，让其自主选择、参与、调节。而教师只需要对学生进行必要的指导即可，充分尊重大学生的自主性，为大学生提供个性发展空间，使其能够充分发挥主动性与能动性。

四、实践性

思政课程实践教学具备实践性特征，提供了一系列条件来引导大学生参与丰富多彩的社会实践与生活，让大学生充分了解社会生活实际，丰富社会经验，获得亲身体验，在社会实践中激发大学生对于思政课程的学习兴趣，进而提高大学生的社会生活认知，坚定社会主义理想信念。高校思政课程实践教学中最主要也是最基本的特征是实践性特征，而这实践性主要体现在学生能够作为主体，对社会生活进行直接参与与感受。如果一项活动不具备这一特征，那么也就不能被称为"实践教学活动"。

五、开放性

思政课程实践教学的开放性体现在实践活动环境的开放上，也就是说，作为实践教学客观因素的社会实际生活具有流动性特征，其边界并非固定不变，而是随着环境的变化而变化。在引导大学生融入社会生活时，不要给大学生过多的束缚与限制，要保证大学生能够在自由的环境下开展社会实践。大学生可以从各个角度来分析生活中所遇到的问题，提出各式各样的解决方案，采用多种方法来完成实践活动，并利用不同的表达形式来对活动结果进行呈现。可见，无论是在内容与形式上，还是在过程与结果上，高校思政课程实践教学都具有开放性。

六、综合性

高校思政课程实践教学具有综合性的性质，并主要体现在以下两个方面。第一，虽然在实践教学活动中，大学生所接触的客体目标是有限的，局限在生活中的某一个领域，但是其设计的内容却是综合性的，包含文化、政治、经济、思想等诸多方面。第二，高校思政课程实践教学的目的不仅是提高某一种能力，而是要促进大学生知识、能力、方法、兴趣、态度、价值理念等多方面的综合发展。

七、社会性

实践教学的重要特征也包括社会性。第一，开展实践教学的场所就是社会环境，这一点与课堂理论教学相对应。学生作为社会实践的参与者，在真实的社会环境当中发现问题、分析问题、解决问题，使自身解决实际问题的能力得到大幅度的提升。第二，实践教学活动在实际的社会生活中展开，学生可以通过实践教学活动，获得社会生活的直观感受。由此可见，实践教学既是学生接受教育的过程，也是学生实现社会化的过程。

第四节　高校思政课程实践教学的发展状况

党和政府历来十分重视高等教育中的实践教学建设。党的教育方针在不同时期对实践教学的表述方式虽有些许差异，但强调理论联系实际、坚持教育与生产劳动和社会实践相结合却是一以贯之的基本原则和要求。我国高校思政课程实践教学经历了一个曲折发展过程。总体来看，思政课程实践教学经历了从普遍要求大学生参加课外社会实践活动，到自觉地将实践教学作为思政课程的一个重要教学环节，再到属于思政课程教育教学范畴但又设置为一门相对独立的实践教学课程的发展过程。

一、高校思政课程实践教学的改革探索

1976年后,党和国家在思想政治、文化教育等各个领域进行了一系列改革,高等教育中的许多错误做法得到逐步修正,思政课程及其实践教学也迎来了新的发展时期。

(一)思政课程及其实践教学的变化

1978年4月,邓小平提出将教育和生产劳动相结合,作为我国教育事业繁荣和发展的方针,并要求在教育与生产劳动结合的内容、方法上不断有新发展。党的十一届三中全会后,根本否定了长期以来把政治运动作为实践教学的主要形式的错误做法。1977年,中华人民共和国教育部(以下简称"教育部")发布通知,要求全国各级教育部门和学校"把教育战线学习雷锋的运动,深入持久地进行下去",中断了十余年的学雷锋活动重新开展起来。1981年,中国共产党中央委员会宣传部(以下简称"中宣部")、教育部等多个部门联合发出《关于开展文明礼貌活动的通知》。随后,各高校把四项基本原则教育与形势任务教育、道德品质教育和"学雷锋、创三好""五讲四美"活动相结合,探索了开展思想政治教育和实践育人的多种形式。1981年,教育部召开的全国学校思想政治教育工作会议强调,必须把课堂教育、日常的思想政治工作与实际锻炼恰当地结合起来,各科教学都要贯彻思想教育,还要组织学生适当参加劳动、军训、社会调查等社会实践活动,实践教学逐步步入正轨。

(二)高校思政课程及其实践教学的改革探索

随着党和国家工作重心的转移,我国进入了中国特色社会主义建设的新时期,高校思想政治理论课和实践教学也在改革和创新中不断发展和完善。1983年,中国共产主义青年团中央委员会和中华全国学生联合会在全国范围内推动"社会实践周"活动的开展,引起了各大高校的积极响应。如辽宁省各高校组织大学生走出校门,开展"把知识献给人民"的为民服务活动,把突击性的活动发展成为向人民学习、为"四化"建设服务的长期活动,使社会实践活动经常化、制度化。1987年发布的《中共中央关于改进和加强高等学校思想政治工作的决定》强调,青年学生不仅需要积极学习科学文化理论知识,还需要积极投身社会实践当中。

学生需要充分了解国情，明确社会主义建设与改革的内涵，感悟到群众心中的思想感情，才能坚定为社会主义建设而奋斗终生的信念，成为社会所需要的人才。自1987年起，假期社会实践活动在全国各高校普遍组织开展起来。1994年发布的《中共中央关于进一步加强和改进学校德育工作的若干意见》明确指出，学校的德育工作要重视实践教学，高中以及高等学校需要将社会实践列入教学计划当中，积极组织学生参与生产劳动、社会调研、军政训练、勤工俭学、科技文化服务等活动。自1996年起，开始了持续多年的"三下乡"暑期社会实践活动，每年都有数量众多的学生参加。暑期"三下乡"活动面向基层，针对现实问题，内容丰富、形式多样，而且总结出一套较完善的开展社会实践活动的基本程序和规范，成为这一时期极为重要且成果显著的大学生社会实践教学形式。

不过，这一时期的实践教学主要表现为要求大学生普遍参加社会实践活动，或者说，属于广义的德育意义上的实践教学，与"两课"（马克思主义理论课和思想政治教育课）教学的结合度还很低，思政课教师参与度也很低，其组织实施者主要是高校的团委、学工部、院系团总支等部门的政工干部。这一时期，广大思政课教师为使课堂教学生动活泼，增强思想政治理论课的感染力和实效性，也探索了许多新的教学办法，如课堂辩论、撰写科研论文等，但这些新的教学形式还没有被提升到实践教学的高度并纳入实践教学的范畴。

二、高校思政课程实践教学的纵深发展

（一）实践教学明确纳入思政课程教学范畴

《关于进一步加强和改进高等学校思想政治理论课的意见》（以下简称"05方案"），首次将实践教学划入思政课程的教学范畴，也打造了一套更加完整、更加科学、更加全面的符合社会实际的思政课程体系。在一些文件中，提出思政课中的所有课程都需要加强实践教学，根据教学目标制定教学大纲、规定学时、提供必要经费，这就肯定了实践教学在高校思政课程中的正式地位。为此，广大思政课教师积极探索实践教学的新形式、新方法，如观看教学录像、组织课堂辩论、举办征文写作、开展主题演讲等。上述这些教学活动，对于调动课堂氛围，激发学生学习主动性与积极性，加深学生对思想政治理论的理解和坚定学生对中国特

色社会主义的信念起到了积极作用。该文件还要求，要将专业课实习、公益活动、社会调查、志愿服务融入实践教学中来，引导大学生投身基层，在各式各样的实践教学活动中，提高自身思政素养与分析社会现象的能力。但在实际操作中，诸如公益活动、社会调查、志愿服务等实践教学形式，仍旧主要是由高校的团委、学工部等政工部门组织实施。马克思主义学院（思想政治理论课教研部）和专职教师的参与度仍然较低。因此，这一阶段的实践教学主要是作为思政课程的一个课堂教学环节展开的，虽然比以前受到了更加明显的重视，但自身的独立课程属性并不突出。同时，这期间也出现过实践教学形式重于内容、教师茫然、学生应付等问题，并在学时分配、学分规定、考核方式等方面出现混乱现象，更谈不上有专门针对实践教学的经费预算、组织保障和实践育人基地建设。

（二）思政课程实践教学的新发展

许多高校都开始探索在继续完善各门思政课程的课堂实践教学基础上，把原来分散在各门课程中实践教学的学时重新集中起来，以便大学生能够走出教室、走出校门，开展更加完整的、真正面向社会的综合实践教学活动，从而使实践教学由一个教学环节逐步演变为思政课程体系中的一门正式课程。这种新的探索和改革，不仅使得"05方案"中"把实践教学与社会调查、志愿服务、公益活动、专业课实习等结合起来，引导大学生走出校门，到基层去，到工农群众中去"的要求得以实现，马克思主义学院和思政课教师也成为开展实践教学的主力军。

（三）新时代开启思政课程实践教学新篇章

近年来，党和国家事业取得历史性成就，发生历史性变革，中国特色社会主义进入新时代，我国社会主要矛盾已经转化为人民日益增长的美好生活需要和不平衡不充分的发展之间的矛盾，这表明久经磨难的中华民族迎来了从站起来、富起来到强起来的伟大飞跃。中国特色社会主义的新时代和民族伟大复兴的新征程，必然对我国高等教育和思政课程及其实践教学提出新的更高要求。高校思政课程实践教学也应因事而化、因时而进、因势而新。党和政府为推动高校思想政治工作、思政课程及其实践教学的创新发展，先后颁发了一系列相关文件，提出了一系列重要举措。其主要内容概括如下：强化社会实践育人功能，创新推动学生实践教学和教师实践研修；统筹思想政治理论课各门课程的实践教学，适度增加实践教学比重，落实学时学分；制订思政课建设标准与实践教学大纲；收集汇总教学资源，使思政课程实践教学与社会实践活动有机融合，让思政课程教师与辅导员共同参与实践教学活动；完善实践教学激励评价机制，注重价值引领；建立大学生思政课程主题学习网站和微信公众号学习平台，建设省级高校网络思想政治工作中心等。这些都为思政课程实践教学的开展提供了坚实而全面的政策保障和法规保障，也将开启实践教学创新发展的新篇章。

第二章　高校思政课程实践教学类型的探索

本章内容为高校思政课程实践教学类型的探索，主要从三方面进行介绍，分别为高校思政课程课堂实践教学、高校思政课程校园实践教学、高校思政课程社会实践教学，为高校思政课程实践教学提供借鉴，推动思政课程实践教学的发展。

第一节　高校思政课程课堂实践教学

课堂实践教学是在课堂上创设一种情境或者设计一个环节，让学生亲身参与的实践教学模式。这种实践教学模式能够将课堂上教师的理论讲授与学生的亲身实践紧密结合起来，当堂讲授、当堂练习，加深了学生对教师讲授内容的认识与思考。我国的思政课具有鲜明的理论性和政治性，而这样的特点往往会让课程讲授起来略显枯燥。对于大学生来说，他们对历史事件的认识比较模糊，而课堂实践教学模式则能有效降低思政课抽象与枯燥的程度。

课堂实践教学通常包括分享会、角色扮演、焦点讨论、影像展播、专题讲座、课堂辩论、学生讲坛等，这些课堂实践教学模式的存在，能够把相对抽象、枯燥的理论或历史久远的事实，通过课堂环节重新展现出来，也能让学生对思政课的相关知识有更为直观、具体的认识。同时，课堂实践教学这一模式能够有效激发学生课堂学习的主体性与自主性，培养学生的思辨能力。

一、分享会

（一）介绍

当前，我们身处互联网时代，互联网时代最为鲜明的特点就是人们能够更加便捷地通过多种方式获取大量信息,然而每一个人的关注重点都有所不同,因此,虽然接收的信息量很大,但是信息内容却各有不同。在思政课课堂上设置分享会这一课堂实践教学形式,就是要达到两方面的目的:一方面是让高校学生把自己在网络和生活中获取的海量信息,通过课堂这一平台进行交换,拓宽学生的视野,丰富学生的认知和感悟;另一方面是引导学生正确、有效地使用互联网,避免学生陷入影视作品、游戏作品中不能自拔,避免学生整日被海量的信息淹没却无所收获。

具体来说,思政课堂分享会就是思政课教师定期让学生把自己近期读过的书、看过的影视作品,或者是在朋友圈、微博、门户网站看到对自己有所启发的文章,抑或是自己的亲身经历以及其他有教育意义的相关事情在课堂之上与大家进行分享。通过分享会,教师能够迅速掌握学生的关注重心所在,了解学生的学习兴趣,进而调整教学内容,引入能够激发学生学习兴趣的相关案例,从而提高教学效果。与此同时,分享会这种课堂实践教学形式,也有助于学生将自己碎片化的阅读加以整理。因为高校思政课中每节课都会有分享会,这样就要求学生必须拿出能和同学分享的素材,而且必须对分享的内容有所思考。这样的日积月累有助于培养学生思考的习惯,还能让学生做一个生活的有心人,善于发现、善于思考、敢讲真话,从而获得更多关于人性、道德、法律等方面的感悟和体会。

(二)教学设计

思政课堂分享会这一课堂实践教学形式看似普通,实则意义非凡,很多课程的课堂实践教学中都会使用,特别是旨在改变学生思想与行为的思政课上。一则它为大学生提供了一个在课堂上相互交流的平台,有助于大学生做一个生活的有心人,善于阅读、善于发现、善于思考、善于利用自己碎片化的时间;二则它为思政课教师了解学生的思想和生活动态,以及学生的关注点、兴趣点提供了一个窗口,有助于教师在日后教学中选取教学案例,既符合时代特点又能激发学生的学习兴趣,有效提升思政课的教学效果。

1. 设计思路

在"思想道德与法治"课程中"人生的青春之问"这一章节教学过程中,首先可以设计分享会这一实践教学环节,以"我关于人生、世界的所见所闻所感"

为题，在思政课课堂上开展此实践教学活动。用学生在生活中所见、所闻、所感来引出"思想道德与法治"课中关于世界观、人生观和价值观的内容，培养学生树立正确的"三观"，以一种积极、昂扬的精神面貌来面对自己刚刚迎来的大学生涯，以务实、乐观、认真的态度来度过自己的人生。

（1）选题目的

"人生的青春之问"这一章实际上是学生关于世界、人生和价值的认识和理解，它不同于某一个具体知识点的学习，并不要求学生必须准确理解。通过学生课堂分享这一具体实践，可以让大学生认识和了解到大千世界、芸芸众生，知道不同的人有着不同的世界观、人生观、价值观。虽然每个人的世界观、人生观和价值观不能一致，但是在众多不同的观点、看法之中，个体也好，社会也罢，必须有一个公众都认同且能达成共识的认识和理念，否则社会将陷入私利横行、杂乱无序的地步。只有在核心价值理念或者基本价值观的引领之下，充分尊重每一个个体的价值观，才能真正实现帮助大学生树立正确的世界观、人生观和价值观，走好自己人生之路的目的。

（2）实践要求

"思想道德与法治"课程开始的第一节课，即进行分享会实践环节的任务安排。学生以个人为单位进行分享，教师根据班级容量安排每一节参与课堂分享的学生人数及名单，并提前一周告知下节课参与分享的学生，让学生有所准备。学生分享的内容可以是自己曾经读过的一本书，可以是一部看过的电影，可以是在网络平台上看到的文章，也可以是自己的亲身经历。总之，内容来源不拘一格，但是所分享的内容主旨，必须是对大学生未来的人生发展、价值取向等有启迪与教育意义的。为了保证分享质量，让班级的其他同学都能印象深刻，进行分享的同学需要把自己分享的内容制作成PPT，图文并茂地呈现自己所要分享的内容，并结合"思想道德与法治"课堂所学内容进行分析和阐释，在有感性体验的同时，不断完善自己的理性认知。

（3）活动评价

主要评价的指标有分享人的语言表达、PPT制作质量或媒体技术运用、分享内容的时代性与启发性，以及学生对分享内容的理论分析能力等。

2. 注意事项

分享会应该提前一周告诉学生准备，要求学生要做有准备的分享，而不是课堂随机分享一段感受。一则要求分享的内容是真实发生或者自己的亲身经历、感受的事件，不能是虚构的，否则分享就失去了意义；二则应该尽量运用"思想道德与法治"课上所学内容和理论，对分享的事件进行分析，并将课堂所学理论与现实生活中的实际相结合，这才是思政课上分享会这一环节的意义之所在。

分享会不仅要分享，还要有点评，应该是一个信息在师生之间、学生之间彼此不断交换的过程。倘若只是学生个体上台分享，教师没有任何反馈，分享的学生便感受不到分享带来的共鸣与乐趣，分享就会变成负担，久而久之学生对分享会这一实践活动就会敷衍了事。

分享会作为一种独立的课堂实践教学形式，必须有严格的要求，要让学生对分享有一种仪式感。学生要认真选择自己想跟大家分享的内容，精心制作自己分享时用以呈现自己思想和内容的 PPT 或者视频，调动自己的各方面才能，用认真的态度去对待每一次课堂实践。课堂分享的过程中，教师要做好相关安排，捕捉台上做分享的同学的精彩瞬间，将每一位同学在分享时的精彩表现结集成册，在学期末最后一节课上放映给全班同学欣赏，让大家感受到用心做一件事情时的自己是最美的，从而使学生对实践活动保持热情。

可以分享袁隆平人生价值的实现，以及现实生活中的舍己救人等事件，这会让我们看到不同人的不同行为，同时也反映出多种不同的人生观和价值观。思政课教师要带领学生分析各种不同人生观与价值观的特征，各类人群未来在社会中的发展，以及一个国家、社会的发展对于国民的基本要求，进而引导学生正确看待社会中存在的多种不同观念，树立正确的世界观、人生观、价值观。

3. 总结思考

分享会这一课堂实践教学形式的设计，其目的不是为了分享而分享，而是希望通过分享会这一载体和平台，培养学生充分利用自己课余碎片化的阅读时间，观察和感受生活中的人和事，发现问题，勤于思考的习惯，并将经过自己深入思考和精心设计的内容，与同学、老师分享、互动，在思想的碰撞过程中加深对所学理论的认识，加深对自我、他人和世界的认识。

分享本身也是一种共享的理念，在共享的时代，大学生应该通过课堂分享会培养自己的共享意识，同时也要深刻感知共享给个体、社会带来的益处。虽然现在资讯非常发达，但是每一个人还是有自己在认知、信息获取上的盲点，通过分享会这种形式，大学生能够深刻体会到与人分享、共享的魅力和价值。

二、角色扮演

（一）介绍

1. 角色扮演的含义

人是社会性的动物，在社会生活中，每个人都需要和社会中的他人发生联系，同时也只有在与他人的合作中才能实现自己的人生价值。当代的大学生是一个有思想、有个性的群体，他们渴望展现自我，得到他人、社会的认可，但是由于其生活的特有时代背景，他们大部分都是独生子女，在家庭生活中缺乏与同辈互动、协作的经历，让这一代人普遍存在不同程度的以自我为中心的性格特点。然而，现实的社会生活却需要团队精神，只有彼此协作，才能实现共同的目标。因此，懂得换位思考，能够理解、包容、合作是大学生未来发展的必备品质，也是思政课在高校人才培养方面的重要目标。大学生在成为社会的栋梁之前，先要成为一个有思想、有道德的青年，成为一个能够与他人良好沟通、互动、协作的青年。

所谓角色扮演，就是教师结合教学内容设计一个特定的真实且具体的场景，让学生感悟其中不同角色的思想、情感与行为，从而对某一理念、某一问题获得全新的感受、体会与认知。在思政课程教学中，尤其是"思想道德与法治"这一门课程，包含了许多关于世界观、人生观、价值观以及思想道德与法律法规方面的内容，仅依靠教师的讲授让学生理解是远远不够的，然而角色扮演就很好地解决了这一问题，学生能够以一个特别的视角对事件本身有一个全新的认识，发现自身存在的盲点，走出之前的认识误区。学生在情景模拟与角色扮演当中能够深刻体会到主人公的感受，理解其行为，使自己成长为一个有理性、有情感、有情怀的大学生。

2. 角色扮演在思政课程实践教学中的必要性分析

角色扮演教学实践活动能够激发学生的学习兴趣。传统的教学方法往往以教师为中心，学生只是被动地接受知识。而角色扮演教学则能够让学生主动参与到学习过程中，扮演不同的角色，体验不同的情境，从而增加学习的趣味性和吸引力。学生可以通过扮演角色与其他同学互动，进行角色对话，从而更好地理解和应用所学知识。

角色扮演教学实践活动能够提高学生的课堂参与度。在传统的教学中，学生往往只是被动地听课，缺乏积极参与和思考。而角色扮演教学则能够激发学生的主动性和积极性。通过扮演角色，学生需要主动思考和解决问题，与其他角色进行互动和合作。这样一来，学生的参与度就会大大提高，他们会更加主动地思考和探索问题，从而更好地理解和应用所学的知识。

综上所述，角色扮演教学实践活动是一种有效的教学方法。它能够激发学生的学习兴趣和参与度，提高他们的学习效果，角色扮演教学能够为高校思政教育带来更多的乐趣和成果。

（二）教学设计

角色扮演是以学生为中心的教学互动，能够提高学生的学习积极性。作为课堂实践教学的重要形式之一，角色扮演的实践效果历来显著，深得思政课教师与学生的喜爱与认可。角色扮演主要的目的主要有两方面：一方面，要让学生用自己所扮演角色的思维去思考、去行动、去揣摩自己所扮演的角色，思考角色本人是怎么想的、他应该怎么做、他为什么会这样做；另一方面，通过角色扮演，学生也能换位思考，使自己能够更好地理解他人，学会沟通，提高包容性，拓宽思维和视野。角色扮演在思政课教师的精心设计之下，能够让学生通过扮演不同的角色来获得不同的感受，对他人、对事物有一个更为真实、全面的认知。

1. 设计思路

在《思想道德与法治》课程《明大德、守公德、严私德》这一章节的教学过程当中，职业道德、家庭美德及社会公德是当代青年处理好与同事、家人、社会之间关系的重要媒介。在单位如何与同事相处、在家庭中如何与家人互动、到社会公共场所中如何与他人交流，这些问题的处理既需要一定的道德涵养，又需要一定的沟通技巧，对个体的要求非常高，而这种能力的培养和获得也绝非一朝一夕之事。因此，在这一章设置此课堂实践教学环节非常有意义。

(1)选题目的

角色扮演的精髓就在于引导和启发人们进行换位思考，能够了解和体谅他人，感受他人的工作环境，体验他人的真实感受，从而对他人多一份包容和谅解，对自己多一份自律和约束，进而提高大学生以及整个社会的道德素养与水准。

(2)实践要求

角色扮演这一课堂实践教学形式通常需要两个或两个以上的学生参与，扮演事件中的双方或者多方角色，让学生体验理智者与冲动者带给他人的不同感受。同时还可以结合高校学生所学的专业，将专业知识与思政课上所学知识有机结合并呈现出来，让学生在具体实践中获得真实的感受和体会。以法律文秘专业为例，可以以某个庭审现场为基本背景，让学生进行角色扮演，感受缺乏道德与法律意识的伤人者对被伤害者造成的严重影响。学生可以一个扮演法官、一个扮演原告、一个扮演被告，还可以有原告和被告代理律师的扮演者。

(3)活动评价

评价主体由思政课教师和本班学生共同担任，学生评委可以从进行角色扮演的学生和观众当中各选两位，让扮演者和观众分别从不同的角度对这一实践环节进行评价，并掌握好时间，每人3分钟，不能超时，以免影响整个课堂教学的进度。教师作为评价的主体，其主要评价指标是学生的角色扮演是否到位，是否对于人物言行的把握及学生评价是否中肯等方面。角色扮演这一课堂实践教学环节最重要的评价依据，就是学生是否在扮演和观看的过程中有所感悟和启发，是否对他人的处境、对社会的发展阶段有所体会，进而在未来不断更新自己的思想，修正自己的言行，努力做一个有责任、有道德、有担当的新时代青年。

2.注意事项

角色扮演这一课堂实践教学的主要目的在于通过扮演不同的角色，让大学生对自身平日的言语、情感、行为、思想进行反思，因此对于角色扮演者的要求较高。首先，要求扮演相应角色的学生要揣摩好所扮演角色的心理；其次，将角色的言行逼真地表演、展现出来；最后，还要紧密结合思政课堂的教学内容。

角色扮演对于教师的要求主要体现在对表演现场及表演效果的把控上。因为一场精彩的表演能让所有学生的内心都有所感受，而一场糟糕的表演则既浪费宝贵的课堂时间，又让学生倍感失望，进而对实践教学失去兴趣。因此，教师既要指导台上学生的表演,又要注重调动台下学生关注的反应,还要保证表演不能偏离思政课的教学内容,要与本节课教学想要表达的内容密切相关。

3. 总结思考

角色扮演主要是通过学生表演的形式让大家有所感悟、思考,因为学生的表演大都很青涩,所以时不时会有让大家发笑的情节,但是绝对不能让角色扮演这一实践教学形式沦为学生一笑而过的环节。思政课教师应该积极发掘学生扮演过程中的闪光点,以引发学生对于某一事件的思考与讨论,将表演展现的现实与思政课教学中的具体理论内容相结合,让学生感受到思政课既富有理论性的一面,又有贴合实际、接地气的一面。

三、焦点讨论

(一)介绍

当前大学生身处全媒体时代,每时每刻都能轻松获得来自全球的资讯,这些信息当中既有政治方面的,如各国政党新闻事件、国家间的政治往来等;也有经济方面的,如各国经贸往来、全球经济动态等;还有文化方面的,如各类主流文化、亚文化之间的交流与碰撞等;还有生态方面的,如全球生态危机等。

具体来说,焦点讨论就是在思政课的课堂教学中引入当前国内外热点问题或者话题,让教师和学生共同就这一被人们广泛热议的焦点问题进行讨论,在师生共同讨论过程中,教师要引导学生深入分析和思考问题。焦点讨论的"焦点"主要体现在两个方面,一方面是问题本身是"焦点",另一方面是让讨论成为本节课的"焦点"。问题本身是"焦点"的意思是思政课上讨论的问题本身就是当前人们所广泛关注的焦点问题,是大学生也非常关心、想要了解的事件,同时对于此事件,学生也有着自己的看法和观点。如"霸座"现象、中美贸易摩擦事件、"一带一路"高峰论坛等。让讨论成为本节思政课的"焦点"是指让焦点讨论环节成为课堂上大学生能力素养提升的关键环节,让学生在具体人物事件、特定话题的讨论中,学会从多个维度去思考问题,进而培养成一种良好的思维习惯,经常去思考规则制度、人性道德、权利与义务,以及一个国家的历史发展等,从而更为深刻、主动地去理解客观世界和自己的主观内在。焦点讨论中焦点的选取对于教师的要求很高。一方面教师要真正选取学生关注的当前热点、焦点，另一方面要真正将焦点讨论打造成提升学生能力素养的焦点环节。

将社会焦点问题引入课堂案例中，能够发挥思政课的实效性。然而，社会焦点语言具有多元性与分散性特征，只有经过加工处理，才能成为课堂中讨论的话题语言与价值共识语言。

1. 将社会焦点文字置换为讨论话题语言

社会焦点文字更新迭代快，涉及范围广，教师需要对其进行合理加工，并进行语言转换，才能将其转变为讨论话题语言。

2. 将社会正能量语言升华为师生共识性语言

在社会上，人们普遍接受并认同的语言形式就是所谓的社会正能量语言。对于思政课而言，教师需要将其引入课堂，结合学生生活实际，形成师生共识性语言，才能得到学生的认同与践行。

（二）教学设计

在这个资讯异常发达的全媒体时代，足不出户即可了解全球资讯要闻，而大学生又有着很强的好奇心和求知欲，焦点讨论理所当然成为大学生喜欢的课堂实践教学活动。焦点讨论旨在引导学生关注生活，关注国内外社会热点，在关注的同时还能保持理性的认知去分析问题，进而提出具有建设性的解决问题的想法或方案，培养和锻炼大学生理性看待问题的素养和能力。

1. 设计思路

在《思想道德与法治》课程《明大德、守公德、严私德》的教学过程当中，可以设计"焦点讨论"这一实践教学环节。因为大学时期是个体道德意识形成和发展的重要阶段，尤其是在这个"人人都是通讯社，人人都有麦克风"的自媒体时代，大学生每日都可通过各种媒体途径获得全球各地的资讯信息，特别是涉及个人言行道德与社会公德的事件。焦点讨论这一形式不但可以让学生了解当前的国内外社会热点事件，而且还能让教师了解大学生对于热点事件的观点和看法。与此同时，在教师的引导下，大学生可以运用《思想道德与法治》中关于道德的内容进行分析，让学生明确其作为个体存在应该严守私德，作为公众中的一分子应该恪守社会公德，要真正做一名道德高尚的人。

（1）选题目的

《明大德、守公德、严私德》这一章就是要告诉大学生何谓道德，道德的重要作用，以及道德在个人、家庭、职业和社会等不同场合中的体现，让学生明白道德对于个体和社会发展的重要性，教会学生在个人成长、婚姻家庭、职业生涯和社会生活中都要严守道德，不做有违道德之事，弘扬真善美，抨击假恶丑，勇于跟社会上的不良风气和行为做斗争，做一个有益于家庭、社会和国家的善良之人。焦点讨论聚焦的主体也许并不是学生自己，但是透过他人的言行举止，以及社会对于此种行为的评价，引导学生从个体、家庭、社会等多个角度用"思想道德与法治"中所学的关于道德的相关知识进行理解和分析，举一反三，对同类的事件有一个更为清晰、深刻的认识。

（2）实践要求

焦点讨论不同于分享会，分享会是每位学生就自己的所见、所闻、所感与大家分享，而近期的焦点人物、事件是一定范围内的人们都普遍关注的，所以课堂实践教学环节中思政课教师选取的焦点，往往是近期人们都非常关注的事件。焦点讨论往往以小组的方式进行，要求学生对所讨论的焦点事件有充分了解，包括事件发展过程如何，新闻媒体对于事件的报道怎样，我们小组的观点是什么。作为教师，既要知道学生对于某热点事件的看法、观点是否一致，如果不一致都有哪些分歧或者不同；又要能够透过事件的表象看到事件背后反映的本质，引导学生对某一问题进行深入、全面的分析和认识，由最初的感性认识上升到理性认识。

（3）活动评价

评价主体由思政课教师与学生共同担任，学生评委由学生推选产生，每个小组推选出一名学生评委。主要评价的指标有：讨论是否紧扣焦点事件、讨论的核心观点是否正能量、讨论过程中是否有人身攻击等不礼貌行为、是否结合《思想道德与法治》所学知识对所讨论的焦点进行了分析等。

2. 注意事项

焦点讨论要求教师选取焦点事件时要有针对性，例如，"霸座"事件之所以成为被选取的焦点，一方面因为它是近期社会、网络热议的事件，人们都非常关注此事件，而且人人对此都有话说，把它引入思政课堂，大学生也比较熟悉，而且有很多想法、观点想要表达；另一方面是因为"霸座"事件本身就是当事人道德素养低的一种体现，同时也是对社会公德的践踏，在当前这个社会实时热点新闻传播速度飞快的环境下，不遵守社会公德的行为带给社会的影响越来越大，也受到社会公众越来越广泛的关注，讨论此事件能够激发学生的思考。

焦点讨论的过程中，经常会有一些消极的、负面的事件出现或者被提及，对于这些事件，思政课教师应该多加注意。一方面，不能回避这些事件，因为回避对事件的分析，只会让有偏见和认识误区的学生更加坚信自己偏激的观点，更难改变其对国家、社会产生的不理解。另一方面，思政课教师要进行正确的分析和有效的引导，引导学生意识到任何国家、社会都会出现这样或那样的问题，不能只看到不好的一面，而选择性地忽略其好的一面，要重点引导学生通过分析不好的人和事，建立一种积极、正向、理性的认知。

焦点讨论只是思政课上的一个组成部分，只是课堂实践教学的一个形式，不能占据整个课堂。因此，焦点讨论要求教师控制好讨论的时间，既要让学生在焦点讨论的环节有所收获，又要合理安排好课堂的教学进程，不能让讨论占据整节课堂。因为讨论只是一个载体、途径，通过讨论，学生可以对良好的道德有深入、全面的认知，进而将其转化为自己今后的行为，这才是焦点讨论的教学目的。

焦点讨论环节要求学生遵守讨论的规则，不能有人身攻击等不文明的行为出现，同时在讨论此焦点事件的时候既要能够就事论事，分析所讨论焦点事件的原委，又要能够举一反三，思考并列举出现实生活中存在的各种不讲道德、有损公德、破坏秩序的行为，增强大家对不道德行为的直观感知和印象。

焦点讨论以小组为单位进行，但是要注意小组内部前期的讨论。一方面要充分发扬民主，让小组的每一个成员都有机会发言，表达自己的观点；另一方面每个小组中被推选出代表小组参加班级讨论的同学，必须充分总结并代表本小组成员的观点，不能以偏概全，更不能只发表自己的个人观点而忽视其他同学的观点。

3. 总结思考

不同的时间段会有不同的社会焦点产生，这些焦点中既有积极正向、充满正能量的事件，也有消极颓废、挑战社会道德底线的恶性事件。思政课上焦点讨论这一实践教学环节，就是要培养学生对于某一重要的热点问题进行理性思考、分析的能力。同时在一堂完整的思政课上，只有让学生感受到课堂的焦点环节对自己启发很多,自己也收获很多,学习才能有获得感。

焦点讨论是激发学生思考的一种非常有效的方式。讨论意味着表达,而表达必须有思考的过程,要想表达得好,就必须有一个缜密的思考过程。因此,焦点讨论看似对某一个热点问题、事件的讨论,实则也是对学生思考能力的培养和锻炼。

四、影像展播

(一)介绍

当代大学生身处全媒体时代,每天都可以通过各种渠道、载体接收各种自己喜欢的、感兴趣的资讯。在众多媒介载体之中,比较受大学生喜欢的有抖音、快手、哔哩哔哩、微博等。这些媒介都有一个共同点,就是图文并茂,影像资料较多,极具视觉冲击力,能够吸引年轻人的眼球,激发年轻人的浏览兴趣,内容也给年轻人留下了极为深刻的印象。时间长了,他们就形成了使用这些媒介的习惯,最终成为其忠实的使用者。在极具政治性和理论性的思政课堂上引入影像资料,能够有效避免单纯理论讲授给学生带来的枯燥感,同时影像资料极富视觉冲击力,能够吸引学生的眼球,让他们对思政课的内容产生了解和学习的兴趣,有助于学生更好地学习思政课。

具体来说,影像展播就是思政课教师根据思政课程教学的需要,在思政课的教学过程中,有计划地播放一些弘扬社会正能量,体现中华民族抗争与探索的历程,展现中国革命和建设过程中涌现出的优秀人物与事迹的影像资料,以期能够激发学生的爱国热情,培养学生的家国情怀和优良的道德品质,有效提升思政课的教学效果。影像展播是思政课堂实践教学的一种形式,影像资料也只是一种载体和媒介,不能完全代替课堂教学。而且影像资料中纪录片比较多,一部纪录片的时间又比较长,所以思政课堂上影像资料的播放时间也要严格限制,不能一节课都用来播放影像资料,而应该在有所选择、截取的基础上为学生播放优质资料。播放影像资料的目的是通过影像资料激发学生的学习兴趣,加深学生对某个知识点的理解,同时通过观看后课堂提问的方式,引导学生思考并付诸行动。如果学生对课上播放的影像资料兴趣浓厚,教师则可以提供影像资料的链接或者资源,让学生在课下自行观看学习。

（二）教学设计

影像资料具有很强的视觉冲击力，能够给人以单纯口头讲授无法达到的感官冲击，这一点对于大学生能够产生较为强烈的吸引力。影像资料的这一特点能够激发他们观看影像资料、思考影像中所反映的现象和问题的兴趣。思政课教师引导学生带着疑虑和想要进一步了解的问题进行课堂教学，无疑能够紧紧抓住大学生的课堂注意力，将学生认为枯燥的理论和知识通过生动的方式展现出来。影像展播是"毛泽东思想和中国特色社会主义理论体系概论"课程中经常被用到的一种课堂实践教学形式，它将离学生比较久远的历史事件与人物通过具体的影像资料呈现在学生面前，无疑增强了这门课程的吸引力和学生对于所学知识点的关注度，同时也有助于提升这门课的教学效果。

1. 设计思路

在《毛泽东思想和中国特色社会主义理论体系概论》课程中《新民主主义革命理论》和《社会主义改造理论》，以及后续其他章节的教学过程中，影像展播是一个非常必要且作用明显的实践教学环节。新民主主义革命是中国人民发现资产阶级民主革命在中国行不通，进而寻求新的救亡图存道路的一种选择，其中艰险及其对于中国社会发展的重要意义自不待言。背后各个阶层的努力、抗争与探索过程需要我们铭记，需要学生深刻理解和领会，并能从各阶层的抗争与探寻过程中得到启发，并从中提取出对中国社会未来的发展有益的、可借鉴的宝贵经验。可以说，影像展播这一实践教学形式具有其他实践教学形式无可比拟的优势。

（1）选题目的

通过影像资料将新民主主义革命过程中各个社会阶层为中华民族的救亡图存所做的努力一一呈现；通过直观的视觉画面，让大学生感受当时人民贫困的艰难处境，了解中国共产党是如何领导无产阶级在极其恶劣的环境之下，探求中国未来的生存和发展之路的。一方面在情感上激起学生对于中国革命道路艰险的情感共鸣，另一方面激发学生去思考今后我们国家的发展路径与方向，帮助学生对中国革命道路的认识从感性上升到理性，能够从思政课的学科角度去看待和思考问题，做到理论联系实际。

（2）实践要求

影像资料的选取必须严格围绕《毛泽东思想和中国特色社会主义理论体系概论》的具体章节内容进行，而且要以能够准确、真实反映历史事实的纪录片为主；向大学生准确呈现某特定历史背景下的中国现状，禁止不加判断地随意选取视频资料在课堂上播放，造成大学生的错误认知。如第二章《新民主主义革命理论》部分，在影像资料的选取上应该选取能够真实反映当时社会各阶层，为救亡图存而奔走呼号的艰辛抗争、求索的过程，而不是单纯讲述该历史时期的事件。

影像资料的使用必须跟课程的授课内容相结合。课堂实践教学是思政课教学的有益补充，是为了帮助大学生对某个相对久远、陌生时代的人和事有一个客观的、理性的认知。更为重要的是，要以影像资料作为一个兴趣点，激发和引导学生积极主动地去收集和分析相关资料，认真聆听思政课教师讲解，并对新民主主义革命及其理论有一个全面的、客观的认识。为此，思政课教师要把握好影像资料在课堂上的放映时间，禁止只放影像资料而不加引导和分析。思政课教师在放映影像资料之前，可以通过视频剪辑的方式，将一部纪录片中多个重要的片段进行剪切，然后再加以合成；争取做到让学生在较短的时间内，对某一个历史时期的人物和事件有一个清晰的认识。

使用影像资料是为了帮助学生更好地理解某个知识点。所以，在播放影像资料之前，思政课教师要把需要学生经由影像资料思考的问题抛给学生，让学生带着这些问题去观看，即有目的地观看，并且在观看的同时思考，以加深对知识点的认识。同时，在观看完视频资料之后要及时进行课堂提问，了解学生通过视频资料对所学知识的掌握程度。

（3）活动评价

主要的评价指标：观看是否认真、对影像资料主题的把握是否准确、思政课教师布置问题的回答是否严谨等。

2. 参考资料

在第二章《新民主主义革命理论》和第三章《社会主义改造理论》中，都讲到了民族资产阶级和非公有制经济，以及两者在革命、改造和建设过程中发挥的重要作用和作出的卓越贡献。这对于大学生来说，事件发生的时间已经相对久远，很多学生并不能很好地理解这段历史以及非公有制经济的地位和作用。思政理论课不但要有理论性，而且要有政治性。因此可结合当前我国民营经济的发展现状，以及在一段时间内甚嚣尘上的"民营经济离场论"言论，在第二章和第三章的教学过程中，引导学生了解不同时期我党对于非公有制经济的不同认识与政策嬗变，让大学生对中国的革命、建设道路，对非公有制经济，有一个正确的、理性的认知，并且在未来选择就业时能够理性抉择，以避免因出现偏激、错误的就业理念而影响就业。对此，教师可以查找一些相应的资料供学生参考。

3. 注意事项

影像展播的目的在于让大学生了解中国社会各阶层在新民主主义革命和社会主义改造过程中的努力，激起学生对于革命与探索之艰辛的情感共鸣，所以展播影像资料的选择就显得尤为重要，这就要求思政课教师在影像资料的选择上要下功夫，紧紧围绕教学内容和目标进行选择。同时还应该注意在选影像资料时，将严谨的纪录片和源于现实又高于现实的影视文学进行区分。纪录片的时长要通过有效的剪辑进行控制，而对于能够更好地吸引学生注意力的影视文学片段，思政课教师要对其中的与历史和实际不相符合的地方进行解释和修正，避免造成学生认知上的误区。

影像展播虽然是以影像资料的方式帮助学生加深新民主主义革命和社会主义改造相关内容的理解，但是思政课教师不能只是单纯地播放影像资料，而应该注意结合课程所学内容对影像资料进行解读，帮助学生理解，避免出现观看影像资料时感觉很好、看过资料后过目全忘的现象，以提高影像资料使用的教学效果。

影像展播虽然更具直观性，更便于学生理解某段历史时期发生的人和事，但是要想看懂影像资料中的内容，特别是纪录片中的相关内容，需要大学生对这段历史或者教材中的相关理论知识有一定的了解，这就需要学生做好提前预习的工作，否则影像展播对于一些学生来说只是了解一个梗概。思政课教师可以通过布置思考题来协助大学生做好影像资料展播前的预习工作，给学生以方向性的指导，这样能够有效提升展播实践教学环节的教学效果。

4. 总结思考

影像展播这一课堂实践教学形式能够弥补单纯课堂讲授的很多不足，是大学生比较喜欢的一种实践教学方式。思政课教师在使用这一教学方式时，要在影像资料激起学生情感共鸣的基础上,将本章教学内容的重点与难点有机渗透到对影像资料的阐释当中,将学生对新民主主义革命和社会主义改造的认识由浅显的感性认识上升到具有理论概括和总结的理性认识层面,真正把《毛泽东思想和中国特色社会主义理论体系概论》的理论性体现出来。

学习革命理论,一方面是为了了解两个不同历史时期中国共产党人在革命和建设的过程中,所做的艰苦卓绝的探索和努力;另一方面是从历史和现实的对照中,掌握中国共产党对于不同社会组成部分、经济成分的政策、方针,使大学生能够运用马克思主义相关理论、方法去看待和解决现实中存在的具体问题,增强大学生发现问题、分析问题和解决问题的能力。

五、专题讲座

(一) 介绍

专题讲座也是思政课课堂实践教学的形式之一,但是它不同于焦点讨论。焦点讨论主要目的是让学生关注生活、关注社会、关注时政,善于发现和思考问题,引导学生从多维度思考和分析问题,学生是主体,教师是辅助,但是专题讲座则不然。专题讲座是就某一个热点问题、难点问题,邀请知名专家、学者或者对此方面有深入研究的本校教师,为学生进行系统讲授,帮助学生更深入地理解该问题。这其实是对思政课课堂教学内容的丰富和补充,有效弥补了思政课中经常出现的教学内容很多,但教学时间不够,很多知识点无法详细深入讲解的不足。因为对某一个热点或者难点问题的系统讲授过程本身,就会涉及很多知识点的回顾与认识,专题讲座基本都是在征求学生意愿的基础上开展的,所以专题讲座的主题也往往是社会的热点问题或者"老大难"问题。因此,专题讲座既能结合社会实际,又能从专业、学科的角度去深刻剖析当下社会存在的各种问题,还能在某一专题的讲授过程中,将最新的学科前沿理论带给大学生,真正将思政课与社会实际和理论前沿有机结合起来。

(二) 教学设计

"毛泽东思想和中国特色社会主义理论体系概论"是一门极富思想性、政治性和历史性的课程,对于其中很多知识点或者某个具体问题的理解都需要有一定历史背景知识，而且某一个问题从产生到发展是逐渐演进的过程，需要历史地、系统地分析方能对它进行全面的掌握。短暂的课堂讲授显然不能满足学生对于某个知识点全面理解和掌握的需求，而专题讲授作为课堂实践教学的一种重要形式能够有效弥补这一不足。通过邀请某一方面的专家或者对此方面有深入研究的思政课教师，就某一知识点或者问题进行深入、系统的阐述，有助于大学生真正理解某个历史时期党和国家的决策、制度，同时也能联系当今时代的社会现象与问题进行分析，从而对学生有所启迪。可以说，专题讲座能够真正将思政课与社会实际和理论前沿有机结合起来，是一种非常重要的课堂实践教学形式。

1. 设计思路

在《毛泽东思想和中国特色社会主义理论体系概论》之《"五位一体"总体布局》这一章的教学过程中，要让大学生认识到中国特色社会主义是全面发展的社会主义，经济建设、政治建设、文化建设、社会建设、生态文明建设作为一个整体，就像纵横的经纬线，勾勒出了我们国家富强、民主、文明、和谐、美丽的社会主义现代化强国的壮美景象。对于"五位一体"总体布局中的经济建设、政治建设、文化建设和社会建设这四个方面，大学生都能够比较好地理解，但是在讲到生态文明建设的时候，部分学生认为在中国当前的发展阶段，过分强调生态文明建设会阻碍我国经济的高速发展，还会影响人民群众的生活质量。由此可以看出，生态文明建设这一部分需要思政课教师在讲授过程中特别注意。生态文明建设作为"五位一体"总体布局的有机组成部分，不能割裂地讲授生态文明建设，而是从整体的视角给学生阐述生态文明建设的由来、发展。而专题讲座就是一种非常好的课堂实践教学方式，它能够完整、系统地向学生阐述我国提出生态文明建设的原因，以及生态文明建设近些年来在中国的发展及其取得的显著成效，从而有助于大学生树立正确的生态价值观，将生态文明的思想和理念渗透到自己的生活中，转变为自己的具体行为，替子孙后代保管好地球这份珍贵的礼物。

（1）选题目的

为了纠正部分大学生在《"五位一体"总体布局》这一章中对于生态文明建设的不当理解，帮助他们确立正确的生态价值观，在大学生中倡导一种绿色、低碳、节能环保的生活方式，将生态保护、绿色发展的理念渗透到每一个人的心里，可以开展有关生态文明建设的专题讲座。专题讲座应系统地讲授何谓生态、何谓生态文明，我国从物质文明、精神文明的共建，到经济建设、政治建设、文化建设三位一体的建设，到经济建设、政治建设、文化建设、社会建设四位一体的建设，再到经济建设、政治建设、文化建设、社会建设和生态文明建设的"五位一体"总体布局这一发展的逻辑脉络，从而在自己的生活中践行生态文明，倡导绿色生活，做生态卫士。

（2）实践要求

专题讲座主题的选择非常重要，必须是学生感兴趣且在教学过程中是教学的难点所在。而这一教学难点要想给大学生讲述清楚，必须有一个全局、系统的阐释，必须让大学生不但知其然，更要知其所以然。所以，在《"五位一体"总体布局》的讲授过程中，生态文明建设是一个教学难点，从由来到发展，都必须向学生阐释清楚。专题讲座过程中，必须将我国生态文明建设的原因、发展、效果都清晰地传递给大学生。

专题讲座是系统地向学生阐述某一问题、现象或政策、制度的一种途径，它需要大学生事先对该领域的内容有一个大概的了解，有一定的知识储备，这样才能在专题讲座中对教师所讲授的内容有透彻的理解。在关于生态文明建设的专题讲座中，要求学生必须事先认真研读教材及其他材料中与生态文明相关的内容，对我国的生态文明建设有一个初步的了解，然后才能够带着自己的疑问去听讲座，从而真正地从讲座中有所收获。

（3）活动评价

评价主要从学生在讲座过程中的纪律与秩序、对于讲座内容的掌握程度两个方面进行考核与评价。评价不是目的，进行评价的目的是了解学生通过讲座学习是否真的学有所获。

2. 注意事项

专题讲座是对某一方面或者某一个问题的系统阐述。因其详细具体，所以选取的主题不宜太大，否则极易导致专题讲座变成蜻蜓点水般的知识浏览，结果使学生想要深入了解的问题没能讲解透彻。"五位一体"总体布局是一个极其宏大的主题，要想在一个专题讲座当中把它讲解透彻，显然不可能。因此要求思政课教师在组织专题讲座时，要进行一个较为准确的评估，在既定的讲座时间内选取"五位一体"总体布局中的某一个方面进行详细、深入的讲述，其他部分则进行基本的介绍即可。

专题讲座主讲教师的选择也是必须格外注意的，即必须选择在所要讲述的主题方面有着多年研究积累和深刻见解的专家或教师来主讲，以切实提高专题讲座的含金量。同时在讲座过程中，主讲教师也应该充分运用多媒体技术，向大学生展示自己所讲授内容的精华部分，间或有一些针对讲授内容的提问和互动，以增强讲座的互动效果，让大学生在听完讲座之后能对讲座主题有比之前更全面、深刻的认识，真正做到受益良多。

3. 总结思考

专题讲座这一课堂实践教学形式的意义和价值在于认识的深刻性。开展专题讲座不但要让大学生有广泛的知识涉猎，而且要让他们在某一个问题上有较为深刻的认识，并在未来对这一问题能够形成自己独到的见解。思政课教师要引导学生在聆听专家讲座的基础上学会自我思考、独立思考，培养大学生独立思考和分析问题的能力，而不是单纯地接收知识信息却不懂得如何去分辨和思考。

一次专题讲座只能就某一个方面的内容进行深入细致的讲解，但是大学生的求知欲是十分旺盛的，以"五位一体"总体布局为例，当以"生态文明建设"为主题进行一次专题讲座之后，后续还需要对"五位一体"总体布局中剩下的经济建设、政治建设、文化建设和社会建设四个方面，做好进行专题讲座的准备，因为"五位一体"总体布局是一个有机组成部分，不能割裂地去看待任何一个方面。思政课教师应该在这方面做好充分的准备，提前做好讲座内容和主讲教师等安排。

六、课堂辩论

（一）介绍

1. 课堂辩论的含义

当代大学生饱含热情，勇于表达自我，喜欢利用辩论的方式来证明自己，而这也为开展课堂辩论奠定了基础。辩论这一形式既符合大学生的特点，广受大学生的喜爱，又能够有效提高大学生的口头表达能力、随机应变能力和理性思辨能力，还能帮助学生不断扩展和深化自己所学的知识，一举多得，是一种非常好的课堂实践教学形式。与此同时，课堂辩论对于教师的要求也很高。一方面需要教师选取合适的辩题，即辩题既要激发学生的兴趣，又要有一定的难度和挑战性，需要学生搜集、查找大量的资料去佐证和支持自己的观点；另一方面，在辩论过程中也需要教师对辩论的方向和进程进行有效的引导，让辩论在一种和谐的氛围中有序进行。

所谓课堂辩论，就是教师结合教学内容选择恰当的辩题，让学生在课堂上发表个人看法，并与持有不同观点的同学进行辩论。课堂辩论这一课堂实践形式能够活跃课堂气氛，帮助学生更深刻、更全面地了解问题的内涵。课堂辩论从表面看只是课堂上几十分钟的双方辩论，实际上却是对学生多方面能力的综合考查。在准备辩论之时，双方辩手要查找大量的资料，既要有佐证己方观点的资料，又要有辩驳对方观点的资料，同时还需要双方辩手内部合理分工、有效协作，发挥每个人的最大优势。在展开辩论时，双方辩手需要高度集中注意力，随机应变，恰当表达自己的观点、辩驳对方的观点，同时还要注重辩论的礼仪，做到有理有据，有礼有节。

2. 课堂辩论的优势

课堂辩论由于在针对性、操作性、实效性方面具有独特的价值优势，被很多高校作为思政课实践教学的重要方式，并取得良好效果。课堂辩论具有以下优点。

①针对性强，即辩题设置能更好地体现教学内容和实现教育目的。
②操作性强，即辩论活动更容易组织和促进学生参与。
③实效性强，即辩论过程更能提高学生的各种能力和思想政治素质。

(二) 教学设计

辩论表面看是个体语言的赛场，其背后却是对资料收集整理、团队协作的考验。它既能展现大学生的思辨才华，激发他们的学习和探索兴趣，又能锻炼团队分工、协作、默契配合的能力，是一种深受大学生喜爱的课堂实践教学形式。在当前自媒体发达的社交环境之下，每个人都可以接收海量的资讯，在不知不觉中对某些问题就形成了自己特有的认识和看法，但其中也有一些不正确或者偏激的观点。大学生涉世未深，接触社会有限，"三观"也尚未完全定型，对问题的认识有限，很容易受到错误思想、偏激观点的诱导。在思政课上选取中国革命或建设过程中的某一个主题引导大学生进行辩论，可以帮助大学生重新检视自己的观点，从更多的视角去看问题，去倾听他人对于同一个问题的不同看法和认识，进而修正自己的观点，建立新的理性认知。结合《毛泽东思想和中国特色社会主义理论体系概论》的相关内容，可以帮助大学生对某个历史时期的制度、政策和人与事有一个更为全面、立体的认知，提升思政课的教学效果。

1. 设计思路

《毛泽东思想和中国特色社会主义理论体系概论》课程中《邓小平理论》一章涉及改革开放、市场经济，涉及"一国两制"，涉及物质文明与精神文明两手抓，这些都是人们感兴趣且经常议论的话题。当前新媒体时代信息传递的飞速与便捷，每一种观点都可能会比以前影响到更多的人，其中就不乏一些偏激、错误的观点。课堂辩论这一课堂实践教学环节尤为重要，因为道理越辩越明，只有把具有争议的观点摆出来，让大家去思考、分析、辩论，才能有机会对这个观点、思想、政策进行全面、立体的剖析，分析其正确与错误之处。而通过辩论，思政课教师也能敏锐地发现学生所思所想，及时发现和纠正其错误的认知。因此课堂辩论是学习思想政治教育内容的一个非常好的载体。

（1）选题目的

在《邓小平理论》这一章里，一个非常重要的知识点就是改革开放。改革开放是当时中国发展的重大决策，也是四十多年来深刻影响中国经济、政治、文化和社会方方面面的重要战略行为。改革开放过程中，有很多国外好的思想、文化等方面的引入，其中不乏优秀的、可供我们借鉴的思想与文化，但同时也有有害成分夹杂其中。不同的人对改革开放的态度不同，即使是在同样认为改革开放在深刻影响中国的群体当中，也有两种不同的观点：一种观点认为改革开放带来的物质影响更大，另一种观点认为改革开放带来的精神影响更大。那么改革开放对中国的影响到底是物质方面更大还是精神层面更大？可以就此进行辩论。选择"改革开放带来的物质影响大还是精神影响大"这一辩题，就是为了让大学生对改革开放这一深刻影响中国的决策和行动，有全面、深入而且理性的认识。同时也要在对改革开放的认识上有一个升华，即改革开放不仅是一种具体的决策和行动，更是一种精神，一种坚韧、奋发、改变、创新的精神，改革开放带给我们的不仅有物质生活上的改善，还有精神上的改善，它在精神上深刻地影响着我们、改变着我们。这既是在教材这一章开展课堂辩论这一实践教学形式的目的所在，也是选择这一辩题的目的所在。

（2）实践要求

首先，组建团队。辩论赛是一个需要团队协作的活动，基于各种原因，思政课都是以班为单位上课。在辩论赛的团队组建过程中，可以以班级为单位组建团队，这样一方面有助于辩论团队的组建，另一方面有助于增强班级的凝聚力。每个班级再自行选择4名同学作为辩手参加辩论。

其次，抽取辩题。思政课教师给出两道辩题，由学生根据自身兴趣投票选取其中一个，并由每个班级选派1名代表通过抽签决定自己的辩题方向，即确定正反双方。

再次，辩论准备。提前组建团队，思政课教师给双方辩手留出一周的时间进行准备。这期间，双方可以收集辩论资料、学习辩论技巧、进行辩论演练等。

从次，辩论现场。双方辩手需要高度集中注意力，随机应变，要紧扣辩题、脱稿发言，要保持冷静与尊重，做到以理服人；辩论团队内部要分工合作，默契配合；思政课教师要做好辩论现场的整体掌控工作，保证课堂辩论的秩序。

最后，辩后总结。辩论的过程中可能会暴露部分大学生对于改革开放有着片面认识的问题，而辩论的目的是让大家对改革开放有更全面、理性的认识，对改革开放的认识进一步深化。因此，辩论之后的总结必不可少。思政课教师不仅应该重视辩论本身，还应该关注辩论之后的总结，了解大学生通过辩论对于改革开放有没有新的认知；就这一政策对于中国的影响有没有理性的认知；通过辩论是否有助于大学生坚定遵循改革开放的基本制度等。与此同时，还应该详细总结参加辩论的同学的表现，如是否在辩论的同时保持了应该有的辩论礼节、发言是否条理清晰、具有逻辑等。

（3）活动评价

评价主体由思政课教师、双方辩论队成员，以及经由选举产生的学生评委共同组成。主要的评价指标：思路是否清晰、反应敏捷程度、论据是否充分、对辩题的理解和阐释程度、是否注意辩论礼仪等。

2. 参考资料

《社会主义建设道路初步探索的理论成果》和《邓小平理论》这两个章节的教学过程中，讲到制定关系人民生活、社会安定、国家发展的重大政策、制度时，应该秉持实事求是的态度分析中国当时所处的历史时期和经济社会发展程度，分析当时中国社会最主要的矛盾，这样才能少走弯路。这两章内容当中一个非常重要的知识点，即中国社会的主要矛盾分析，只有正确认识和分析了当时中国社会的主要矛盾，制定的制度、方案才能有针对性，才能适合中国的国情。

七、学生讲坛

（一）介绍

教师认真讲，学生仔细听，这是传统课堂教学最基本的形式，也是最主要的形式，它的优势不言而喻，能够充分调动教师的知识储备和讲授技巧，在有限的课堂教学时段内为学生讲授更多、更为深刻的知识与理论。但是这种教师讲、学生听的课堂教学方式也有其自身不可避免的弊端，那就是不易调动学生的听课与学习的积极性，尤其是在那些课堂讲授还不够生动的教师的课堂上。而当前发达的互联网与信息资讯系统又给大学生提供了非常丰富的信息获取渠道，学生可以借助很多媒介获得自己想要了解的知识。加之当前大学生又有较为强烈的表达自我的欲望。因此，这种既能调动学生学习积极性，又能展现学生才干的学生讲坛就在各个高等院校的课堂上应运而生了。

具体来说，学生讲坛就是思政课教师为了让学生对某些重要知识点有一个全面、详尽的了解和认识，在思政课堂上设计的一个教学环节。学生讲坛要求学生以小组为单位，自己备课，然后再推选一名代表登上讲台为全班同学讲课，同时还要求该小组的学生回答班上其他同学在该知识点上存在的疑问及教师的提问等。这种课堂实践教学形式，一方面能够激发学生以小组为单位收集资料、准备课程的协作热情，培养和锻炼其团队精神；另一方面有助于学生理解作为一名思政课教师的不易，看似很小的知识点，若要把它讲全面，讲深刻、透彻，需要花费大量的时间、精力去备课，进而让学生懂得尊重知识、珍惜教师的劳动成果。"教"与"学"是一个相互促进的过程，这种实践教学形式为师生对于知识点的理解提供了一个全新的视角，也增进了师生双方的沟通和理解，真正让思政课走入学生的心中。

（二）教学设计

学生讲坛是一个展示和锻炼学生综合能力的平台，同时也是帮助大学生对思政课上知识点加深认识的重要渠道，它让学生变被动听为积极查找、主动学习、认真准备、大胆讲授。因为是大学生自己要在课堂上为大家讲授一个主题或者知识点，所以它能够激发大学生的学习热情，也能够培养学生严谨缜密的学习和工作作风。每一位同学都力求自己讲授的论据能够支撑自己的观点或者证明自己讲的知识点正确，所以每一个小细节同学们都要认真、细致地去求证，容不得半点马虎。台下长时间的准备是为了登上讲台为大家讲授之时，能够获得全班同学及教师的认可，这对于学生的语言表达能力又是一个锻炼和考验。也正因为如此，学生讲坛是思政课堂上非常重要的一个实践教学形式。

1. 设计思路

在《毛泽东思想和中国特色社会主义理论体系概论》之《毛泽东思想及其历史地位》这一章节的教学过程中，学生讲坛这一课堂实践教学环节就非常有必要。因为大学生身处"速食文化"时代中，大部分人都是网游、微媒体的忠实爱好者，他们课堂之外读书的数量在减少。很多高等院校的学生，对于毛泽东的认知也仅仅停留在中学历史和政治课本上学习的层面，这显然不能满足进入大学时期，尤其是在学习《如何科学评价毛泽东与毛泽东思想的历史地位》这一章的大学生知识上的要求。设计以"从毛泽东的诗词书画中感受其革命情怀"为主题的学生讲坛，就是为了让学生对毛泽东及其思想有一个自发的了解和认识过程，只有了解毛泽东的个人特点，才能对其思想有进一步的认识和理解。

（1）选题目的

对毛泽东诗词书画的欣赏和分析相较于直接学习毛泽东思想，能让学生感觉更轻松，更有意思，更能激发他们的学习和参与热情。通过分析毛泽东的诗词书画，学生对领袖毛泽东的认识和理解也能够更为立体、全面、真实，而不是停留在原有的、刻板的书本描述之中。毛泽东不同时期的诗词书画都是其当时处境、心情与理想、情怀的一种真实展现。所以，引导学生去查找、分析毛泽东的诗词书画，一方面有助于学生对领袖毛泽东有一个立体、全面的认识；另一方面有助于提高学生的诗词鉴赏与文化素养，还能有效锻炼学生的团队协作能力。最为重要的是，能够对毛泽东思想有一个深刻的认识和理解。

（2）实践要求

"从毛泽东的诗词书画中感受其革命情怀"看似简单，实则工作量很大，对学生的要求也比较高。

首先，学生讲坛必须是以小组为单位进行，分工合作，充分发挥小组当中每一位同学的优势和特长。有人负责收集并选择毛泽东的诗词书画，有人负责分析诗词书画的内容与其所体现的毛泽东当时的处境与心情，有人负责将小组分析整理的资料与内容，用最简洁、最有说服力的方式展示给全班同学。

其次，学生讲授时应该紧密结合学生讲坛的主题，既赏析毛泽东的诗词书画，又对其中蕴含的时代背景、革命情怀进行剖析。但不能将思政课上的学生讲坛变成纯粹的诗词赏析，若这样，学生讲坛作为思政课的实践教学方式的作用和效果就无法得到体现。

再次，不同小组在选择毛泽东诗词书画作品时不要重复，作品的时间段也尽量不要有交叉，可以以抽签的方式决定不同小组所讲时期，这样可以确保通过学生讲坛这个环节，让全班同学了解毛泽东不同时期的历史境遇、革命情怀，可以将课堂实践教学环节的作用充分发挥出来。

从次，学生在台上进行讲授时必须有相应的课件展示，要图文并茂地呈现，这样有助于其他同学对本组同学的介绍有一个具体的感知，对其所要表述的某个特定时期的毛泽东思想有形象的认识。

最后，台上同学进行相关内容讲授时，台下的其他同学应认真听讲，不得扰乱课堂秩序，不得影响他人听讲。同时如有互动环节，台下同学也应该积极配合、互动，共同完成学生讲坛这一活动。

（3）活动评价

评价主体由本小组成员、思政课教师和本班其他小组同学共同组成。主要的评价指标为：资料选取的恰当与否、对诗词所涉及历史事件的分析是否准确、课堂讲授时的媒体技术支持与语言表达是否明了、讲授对同学的启发是否有益、讲授过程中是否存在明显的错误等。

2. 注意事项

学生讲坛要求学生提前两周进行准备，准备内容包括小组的组建、组员的分工、讲坛主题的确定、资料收集等。教师对于准备阶段应严格要求，让学生不仅要通过学生讲坛这一课堂实践教学环节，对毛泽东思想及其历史地位有一个立体、深刻的认识，而且要借助此实践教学环节达到锻炼学生团队分工、协作共同完成任务的能力的目的，这一点是思政课教师在组织此类课堂实践教学环节必须谨记的。

学生讲坛要求学生要讲给大家听，而不是照着稿子上讲台读给大家听。对于这一点，思政课教师在布置任务时要反复强调。读和讲是两个不同的行为，读仅仅是机械地念稿，而讲则要充分调动学生身体的各个部分来协助其表达，试图达到让别人听懂的目的。而一个人要能很好地将一件事讲给别人听，必须是自己对这件事非常熟悉并有着深刻的认识，而且能够分析听众的兴趣与需要，用听众能接受且喜欢的方式去讲。这对于承担此次学生讲坛的小组成员来说，是一个综合的考验，也是思政课实践教学的重要目的。

学生讲坛要求在讲台下听讲的学生必须严格遵守课堂纪律，不得出现喧哗等不尊重台上正在讲授同学的行为，要求台上讲授的同学认真准备，努力将本小组的研究成果以最佳状态呈现给同学。对纪律的要求在于让学生感受教师在台上讲课时的不易，同时自己也体会到台下部分同学不守纪律的行为是对台上精心准备的同学劳动的不尊重。

3. 总结思考

学生讲坛这一课堂实践教学形式是对思政课教师课上教学的一种有益补充和帮助，毛泽东思想及其历史地位既需要思政课教师给学生进行正确的讲授和引导，也需要鼓励学生自己去深入探究。如果教师讲授毛泽东及其思想，学生只是被动地接受，可能会因为时代久远以及学生认知偏差等方面的原因，对毛泽东及其思想有错误的认识；而学生通过自己查找、收集与分析资料，对于毛泽东及其思想会产生一种新的认识。由于要向全班同学公开分析、讲授毛泽东的诗词及其革命情怀，故学生需要对毛泽东本人有所了解。学生在收集有关毛泽东生平的相关资料时，就会发现原来毛泽东家族中为革命牺牲的就有六位英烈，毛泽东在革命历程中也遭受了种种磨难，也正是这些经历及当时国家的境遇使毛泽东拥有了强烈的革命情怀。基于对毛泽东了解的加深，个别原来对毛泽东心存偏见的学生，也开始重新审视毛泽东的一生，部分学生经由学生讲坛对历史人物、事件有了新的、客观的认识，改变了以往绝对的、偏激的认识，这本身也是思政课实践教学的目的所在。

在学习时，会出现个别学生对于革命人物、历史事件的失之偏颇的认识和看法，思政课教师应该以此为契机，就某个具体的人物、事件或者知识点进行深入剖析，带着学生一起去寻找和发现问题之所在，真正让学生学会用实事求是、一切从实际出发、具体问题具体分析等方法来发现问题、分析问题和解决问题，这也是学生在思政课上学习毛泽东思想的真正精髓所在。学习毛泽东思想不是简单了解或者能够背诵毛泽东的个别语句，而是要真正理解并运用毛泽东思想中的核心思想与方法去解决实际问题。

第二节　高校思政课程校园实践教学

校园实践教学是课堂实践教学的延伸，是在课堂之外、校园之内开展的实践教学活动，旨在通过校园内丰富多彩的活动来加深学生对于人生、社会乃至世界的认识。这种实践教学模式比课堂实践教学模式有更大的自由度，同时也有助于丰富学生的校园文化生活。具体来看，校园实践教学模式主要包括微电影制作、校内调研、主题演讲、图书寻访等。

校园实践教学能够充分利用校园内部的各类资源，发挥校内资源的优势，如校内图书馆、体育馆、学生活动中心、学生宿舍等场所设施，同时还可以充分利用校内丰富的师资力量、学生资源、科研成果等。这些丰富的校内资源可以让高等院校的大学生不断拓展自己的理论知识，深化对课堂所学知识的理解。思政课是一系列既含科学理论，又紧密结合社会实际的课程，既有关于几百年前资产阶级及其政党革命的理论知识，也有关于当代大学生理想信念的阐述，还有关于近期发生的国内外大事的分析。学生可以利用校园实践教学模式的多种具体方式来加深对它们的认识，如通过图书阅读来了解百年前资产阶级及其政党革命的知识，通过校园走访、调研来真正了解当代大学生的理想信念状况，通过举办主题演讲或画展等途径，来深入分析和理解当前国内外大事，以及这些事件对我们国家、民众的影响。校园实践教学模式可以说是一种连接学生课堂学习与自我实践的重要方式，能够有效提升思政课的教学效果。

高校校园一直以来都是思政教育的主阵地，也是当前我国意识形态传播的主阵地，其重要性不言而喻。思政课程校园实践教学就是以高校校园作为思政课程实践教学的主要场所之一，以高校校园内的各类校园活动作为思政课校园实践教学的主要载体，通过丰富多彩、主题类型多样的校园活动，培养大学生的道德修养和综合能力，以提高大学生未来适应社会、把握人生的能力。

一、微电影制作

（一）介绍

1. 微电影的概念

微电影又称为"微型电影"，简称"微影"。随着国内首部微电影《一触即发》的播出，"微电影"这一概念也相继诞生。微电影作为新媒体时代的一种新兴产物，实际上是对电影短片的继承与发展。关于微电影的概念，更多的是在已经认知微电影的基础上，从"微"角度的解读。柴素芳、沙占华认为："微电影是相对于电影而言的一种艺术形式，其'微'在于：微时长、微制作、微投资。"[①] 微电影不但具有"三微"特征，还有制作精美、故事情节完整、不限制播放平台等优点。它的体裁灵活多样，不仅仅局限于叙事体，还有动画、电视新闻、街头采访、现场记录等多种体裁。它能够蕴含丰富的内容，如社会伦理、批判现实、回顾历史、社会公益等多种内容。它自身短小精悍的特点，符合现代人"快餐式"的文化消费观念，所以深受大众喜爱。

大学生身处新媒体时代，不仅每天能接收大量的微媒体信息，而且学生自己也非常善于使用各种类型的微媒体和相关软件。每一个学生都可以通过智能手机和相关软件来制作各种类型的微视频、微电影，来反映社会现象、校园文化或者表达自己的心声。大学生对于具有视觉冲击力、立体生动的影像资料往往都比较

---

① 柴素芳，沙占华. 微电影：高校思想政治理论课教学的新载体[J]. 思想教育研究，2015（10）：44-48.

感兴趣，因为视频、电影等影像资料可以借助声音、图像、动作、台词、道具、场景甚至特技等多种途径去再现某一场景，表达某种观点和情感，能够带给人更为真实的情感体验，这也是其他媒介无法比拟的优势，而这种优势也正好能够满足大学生的需求。

2.高校思政课微电影实践教学的概念

虽然微电影应用于思政课实践教学的时间不长，但它的发展速度之快令人惊叹。因为它蕴含着独特的教育功能，所以引起了各高校的广泛关注。许多专家、学者也愈来愈重视对其研究。微电影作为思政课实践教学的一种有效方式，它承担着思政课的部分育人功能。

一则从实践方式来看，李慧娟、张婉陶认为："微电影教学法强调的是学生在教师指导下，以'思政课'的教学内容和现实生活为蓝本，学生自由结组，自编、自导、自演反映课程内容和时代特色的微电影。"[①]通过拍摄思政课微电影，将理论教学与实践教学深度融合，真正实现了在实践中转化和运用思政课理论知识，既发挥了学生实践的主体作用，又保证了思政课程的思想性。二则从实践价值来看，刘卫智、刘学华认为："微电影教学法是学生通过小组合作的方式，在老师的指导下制作微电影，促进教学环节吸引力和感染力的增强，最终提升思政课育人实效的教学方法。"[②]

3.微电影制作

具体来说，微电影制作就是为了提升思政课的教学效果，思政课教师鼓励大学生综合利用当前新媒体时代的多种媒介和软件，联系思政课所学的知识，以及当前高校校园或者社会中经常出现的现象，结合自己对某些问题、现象、观点的看法，以个人或小组的方式演绎和拍摄相关视频内容，并对所拍摄的视频加以剪辑、整合，进而形成一个完整的视频资料。微电影制作是一种综合的实践教学形式，因为思政课有微电影制作这一实践教学要求，所以能够使学生做一个生活的有心人，时刻留心、留意校园内外发生的种种事情或现象，并能够从思想政治教

---

① 李慧娟，张婉陶."概论课"运用微电影教学法的可行性、原则性与价值性[J].河北大学学报（哲学社会科学版），2019，44（1）：58-64.
② 刘卫智，刘学华.微电影教学法在高校思政理论课中的应用探析[J].教育教学论坛，2016（42）：171-172.

育的角度看待和思考这一现象或者问题。此外，微电影制作表面看似轻松，只需随手拍摄一段视频即可，实则任务繁重、要求很高，既需要有较高的主旨、立意，又需要小组成员精诚合作，撰写脚本、布置场景、指导演员表演，还需要小组成员有较高的视频软件使用水平。除了对学生有较高的要求外，对思政课教师的要求也很高，需要思政课教师在学生微电影制作的过程中全程参与指导，一则有效保证微电影的主旨鲜明正确，二则严把质量关，帮助学生提升微电影的制作水准。由此可见，微电影制作这一校园实践教学形式，能够有效调动教师和学生双方的热情与创意，同时也能充分发挥和展现学生专业技术方面的能力和水准，提高他们的思想觉悟。

（二）教学设计

随着智能手机、数码相机的普及，以及各类视频制作软件的使用日趋简单化，越来越多的人可以通过视频、影像的方式去反映社会现实，表达和展示自己的所思、所想和所感。大学生思维活跃，学习能力、创新能力强，对社会、生活有着敏锐的感知力和洞察力，对于视频剪辑类的软件使用也非常熟练，他们乐于而且擅长拍摄各种类型的视频、影像资料。《毛泽东思想和中国特色社会主义理论体系概论》一书中，既有中国共产党带领全国人民在苦难中求索、抗争的内容，也有中国共产党带领全国人民建设和发展祖国的内容。当前中国繁荣、稳定、和谐的局面就是中国特色社会主义制度优越性的集中体现，仅通过教师的讲授很难让学生深刻感知中国特色社会主义建设的辉煌成就，而微电影制作则是一个学生喜欢且能调动其积极性，引导其主动地、自觉地了解和展示中国共产党带领全国各族人民实现中华民族伟大复兴正确道路的重要实践教学环节。

1. 设计思路

在《毛泽东思想和中国特色社会主义理论体系概论》的《坚持和发展中国特色社会主义的总任务》这一章节教学过程中，要让学生深刻意识到伟大民族憧憬伟大梦想，而伟大梦想成就伟大民族，中华儿女百年逐梦才有了今日之中国。中国梦凝聚着亿万人民对美好生活的期盼和对民族复兴的希望，只有实实在在地工作、劳动才能实现伟大的中国梦。大学生的微电影拍摄就是要围绕"中国梦·我的梦"展开，拍摄内容既要反映中国特色社会主义建设的辉煌成就，也要结合自身的生活、学习，反映当代大学生积极向上、奋发进取追求美好明天的梦想。以小组为单位开展，不拘一格展现自己对于主题的理解。

（1）布置任务

教师根据第九章所学内容，引导学生理解中国梦的重要内涵，理解我国建成社会主义强国的战略安排，理解中国梦实现过程中的种种困难与艰辛，引导学生用制作微电影的方式表达自己对中国梦的理解、对于建设中国特色社会主义强国的理解。

（2）组建团队

微电影的拍摄是一个团队协作过程，根据课程的合班情况，在每个大合班中组建若干个拍摄团队，每个团队一般由10人组成。

（3）组员分工

微电影的拍摄和制作需要团队成员分工配合与紧密协作。具体来看，成员的分工如下：编剧、导演、摄影、旁白、后期制作、道具。团队根据每类工种的具体工作量来安排人员数量，并根据具体拍摄情况随时作出调整。

（4）注意事项

主题必须鲜明，紧紧围绕"中国梦·我的梦"展开，具体题目自拟。作品完成时限为一个月，从任务布置到视频拍摄完成、上交都必须在一个月内完成。在视频作品当中，应该明确显示团队每个成员的具体分工情况。

（5）成绩评定

微电影在拍摄完成之后，选取合适的时间集中进行全部微电影的展示。评委由教师和学生共同担任，人员数量为奇数，评委根据视频拍摄的质量，如是否围绕主题展开、演员表演质量、场景选择与布置、后期制作质量等进行评价。评委不但要打出每个团队微电影的最后成绩，还要对每个团队所拍摄视频的优点与不足给予点评，以期让每个参与微电影拍摄的同学都能有所收获。

2. 注意事项

微电影是一个团队合作的成果，是小组10名成员共同努力的结果，不应该少数人在辛苦筹备、拍摄、制作，而其他人坐享其成，这一点是思政课教师在布置任务时要极其注意并努力避免的现象。思政课的目的在于提升大学生的思想道德素养与政治素养，绝对不能出现投机取巧、无视纪律的思想和行为。

微电影制作不是简单地用手机随便拍摄几分钟即可,要由确定主题和剧本策划、制作分镜头脚本、选择演员和前期准备、拍摄及后期制作等一系列工作构成,因此在微电影的制作环节,思政课教师要严格要求,并按照要求来进行成绩评定。

作为思政课的实践教学环节,尽管是微电影,仍然要有电影的元素,即拍摄时既要源于生活又要高于生活,既要反映现实又要高于现实,不能把微电影变成纯粹的视频记录,要加入学生自己对于主题的认识和理解。

3. 总结思考

微电影的拍摄与制作确实需要有相应的条件支撑,如需要有高像素的拍摄设备,需要有好的后期剪辑软件和较高的视频剪辑技术,还需要有好的演员,但是这些都是要服务于电影拍摄的主旨,即展现中华儿女逐梦的身影。但是在以往的微电影制作这一环节,经常会出现的问题是不少学生陷入了视频剪辑技术的比拼漩涡中,都试图在微电影中展示自己炫酷的制作技术,而忘记了拍摄微电影的初衷。这一点必须引起我们的重视,思政课教师也必须在微电影制作这一实践教学环节的各个阶段给学生提示。

二、校内调研

(一)介绍

理论联系实际、一切从实际出发、实事求是是思政课想要传递给学生做人、做事的基本价值。身处高等院校,学生接触最多的就是各种理论知识,而理论的生命力在于其源于实践并能够指导实践。因此,理论联系实际、一切从实际出发、实事求是也是大学生成长、成才的基本前提。调查研究就是一种最为基本的接触生活、接触社会、接触实际的基本途径,它能够帮助大学生将自己在课堂上所学的理论知识与现实社会生活中的实际相结合,从而更为全面、立体地了解生活、了解社会,进而理解自己在课堂上所学的相关理论。

具体来说,校内调研就是思政课教师根据教学目标与学生培养目标,以大学校园为载体和平台,结合思政课的教学内容,号召和组织大学生在大学校园内开展各种贴合大学和大学生实际的实地调查研究活动。当代大学生极富个性而且有思想,但是个别人的思想有些偏激,并不符合社会实际,思政课教师想要帮助其改变和更新观念，仅仅依靠单纯课堂讲授或者说教，很难说服此类学生并帮助其确立客观理性思想和观点，而校内调研则能很好地达到这一目的。例如，有些学生认为当代大学生都是精致的利己主义者，没有爱国情怀，显然这一观点以偏概全、并不客观，尽管思政课教师在课堂上对此观点进行了澄清，但是对于改变持此类观点的学生作用有限，唯一能够让这些学生心悦诚服的做法，就是让他们自己在大学校园进行调查研究。校内调研可以使他们实地与同学进行零距离的接触、观察和访谈，真正了解周边大学生的所思、所想和所为，从而发现大部分大学生都有爱国的热情和情怀，而且是乐于助人、关爱同学和回报社会的进步青年，并非都是精致的利己主义者。通过实地调查研究，这些学生走出了自己狭隘的世界，转变了自己原有的想法和观念。由此可见，校内调研对于了解当前大学生的思想动态、行为习惯与价值观念效果明显，也有助于培养学生知行合一、实事求是的严谨作风。

（二）教学设计

校内调研是了解大学生心理、思想与行为的重要渠道，也是高校思政课程校园实践教学的一种重要形式。校内调研主要的调研群体为高校大学生，调研者也多为高校大学生，调研的主要手段是问卷调查和访谈调查，一般都是问卷调查结合深度访谈。学生进行校内调研的过程也是了解同学、了解学校、了解当代大学生状态的一个重要渠道。进行校内调研首先需要在校园内进行相关数据资料的收集，这对于大学生的表达能力、沟通交流能力就是一个非常重要的锻炼。在收集资料的基础上还需要对资料进行高效整理和分析，这也是对学生缜密思维能力的锻炼。调研不但要调查现实情况，更为重要的是能够从调查所得的数据中发现问题，分析和寻找问题产生的原因，进而探索解决该问题的具体方法和路径。因此，校内调研是对大学生综合能力的锻炼，同时也是思政课教师深入了解当代大学生，尤其是自己所教学生特点的一个非常重要的渠道。

1. 设计思路

调查研究是一个极具专业性的工作，它要求问卷的设计与数据的整理、分析都必须严谨缜密。在进行校园实践教学校内调研这个环节时，要求教师做好指导工作，而且调查研究应该以小组为单位进行，小组内成员分工合作共同完成。身处网络信息化时代，学生在进行调查研究时可以充分利用网络信息化手段，无论是在最初的数据收集、调查阶段，还是在中期的数据整理分析阶段，抑或是后期的成果展示阶段，都可以引入信息化手段。利用网络信息化手段，一方面提高了小组调查研究的效率，另一方面紧跟时代步伐，综合运用多种方式进行调查研究，同时充分发挥了当前信息化手段在调研过程中的辅助作用。

校内调研是一种了解当代大学生状况的重要实践活动，通过校内调研，可以了解大学生在学习、社会交往、就业、社会公德及人格发展等方面的具体情况和存在问题，在校内调研其他同学的同时也可以对照自己，发现自己存在的问题和不足，进而改进学习目标，增强自律意识，不断提升自己、完善自己，服务社会。

在《思想道德与法治》课程的讲授过程中，校内调研主要是以所学理论知识为基础。思政课教师应给大学生提供专业的指导，以调研的具体方法为手段，带领学生学习进行社会调查的基本步骤，了解在调查研究过程中应该掌握的基本方法，以及调查研究过程中的注意事项，经由实际的调查研究让学生将课堂所学与生活实际相结合进行认识，透过现象，认识事物的本质和规律。

这里以大学生的就业心理调查为例，简要介绍校内调研的组织与实施的具体流程，以帮助学生学会运用这一方法去认识学校、认识社会。

（1）校内调研的基本流程

校内调研最基本的方法就是问卷调查法，而问卷调查绝不是学生自己坐在教室设计一份问卷，简单找一些同学填写一下、统计一下即可，而是必须遵循严密的调查步骤，方能获得翔实的调查资料。此外，问卷调查只是校内调研的一个重要方法，但这一方法不是万能的，也有其不足之处。所以要想全面了解某一个方面的情况，除了问卷调查法外还必须辅之以访谈法，通过深度访谈的方式去弥补因问卷调查而难以获得的信息和资料，从而保证调研能够获取全方位的资料。

具体来看，进行问卷调查第一步要做的是进行探索性工作。所谓探索性工作就是通过相关文献回顾、校内实地考察、访问该领域的专家、学者等步骤初步认识待研究的问题。如想要研究大学生的就业心理状况，需要先进行文献查阅和回顾，了解一下在此方面学者的研究成果，学者对此问题研究到什么程度，对此问题的认识如何。在进行大学生就业心理方面的文献回顾时，我们发现当前专家、学者对大学生就业方面的研究较多，但是专门针对大学生的就业心理方面的研究并不是很多。而且大学生的就业心理既包括大学生对自身各方面能力的评估，也包括他们对外在就业岗位、就业环境等方面的认知，还包括他们对于未来工作的态度、价值等方面。要在明确这些内容的基础上，再设计相应的调查问题。

校内调研的第二步是设计问卷初稿。设计问卷初稿是在前面进行探索性调查的基础上，通过设计相应的问题来了解被调查者在就业心理方面的真实情况。一般在设计问卷初稿时，可以采用卡片法或者框图法。卡片法就是在设计问卷时将每一个问题都分别记录在卡片上，然后再对卡片进行分类，删除重复或者相近的问题，删除可有可无的问题，对剩余问题进行设计并给出答案，然后再将不同类型的卡片按照一定的逻辑顺序进行排序，并将问题进行编号。至此，问卷初稿完成。以大学生就业心理状况调查为例，在设计问卷初稿时，学生可以先将自己想到的问题书写到卡片上；然后再对卡片进行分类，如哪些是大学生对于自身各方面能力的认识，哪些是对外在就业岗位、就业环境的认知，哪些是大学生整体的就业态度、价值观；接下来为问题设计答案，同时选项设计要满足穷尽性和互斥性原则；最后再将这些问题进行排序。这样，关于大学生就业心理的初步问卷就形成了。

第三步是进行问卷试用和修改。问卷在设计完成后不宜立刻就进行大规模的调查，而是要将问卷发放给少数专家、学者进行评价，同时还需要在小范围进行问卷试用。如在小范围发放不超过30份问卷，让学生进行填答，以期得到其较为客观的评价，同时及时发现问卷在哪些地方还存在不足和需要修改的地方。如果在发放问卷填答的过程中，被调查者发现部分问题的答案中没有自己可选的选项，即问题答案没有满足穷尽性。可能还存在被调查者没有进行部分问题填答的现象，这可能是问题的描述存在问题，导致被调查者不知该如何作答，这类问题也需要进行修改。总体来看，在问卷试用的基础上对问卷进行修改，主要是对问卷的语言、提问方式、次序、问题数量、回答时间等方面进行具体修改。

最后一步就是问卷的定稿和印刷，即对已经修改好的问卷进行排版和印刷。要注意版面的设计、字体、行间距、整体外观等，使问卷整体看来整齐、醒目，便于被调查者进行答题，才可以印刷问卷以备后续大规模发放使用。

（2）教师在校内调研中的职责

①校内调研活动的整体设计。调研活动是非常严谨缜密的工作，而大学生又

缺乏调研的专业训练，所以思政课教师必须根据课程教学大纲，并结合学生的实际情况设计调研的主题，并向学生讲授调研的具体步骤和程序，为学生提供较为明晰的调研设计框架和技术支持。

②调研活动的具体组织。调研活动是一个团队协作的工作，一个人无法完成，因此需要教师引导学生组建小组，以小组为单位开展调研活动。教师需要引导小组选出自己的领导者，做好小组成员的具体分工，帮助小组确定自己的调研主题和调研具体方案、调研工具方法的选择等，确保调研过程的顺利进行。

③指导调研报告的撰写和评阅调研报告。调研报告有它既定的格式要求和篇章结构，很多学生往往在调研过程中很认真，但在调研报告的撰写上却比较随意。因为他们不知道调研报告的撰写格式与要求，这就要求指导教师必须对学生进行调研报告撰写的培训与指导。同时，要对学生上交的调研报告进行认真审阅与仔细修改，并进行成绩的评定，最终帮助学生学会如何开展具体的调研活动并撰写规范完整的调研报告。

（3）学生在校内调研中的任务

①认真学习领会调研活动的总体要求。调查研究有具体流程和规则，在开始调查研究之前，学生需要认真学习这些流程与规则，并且领会调查研究的总体要求。唯有如此，方能保证整个调查研究向着正确的方向推进。

②确定调查研究的主题。调查研究主题的确定非常关键，主题选取不当，可能整个过程都会徒劳，没有任何调查研究的意义和价值。一个真正反映当前大学生学习、生活、思想、行为等各方面或者某方面情况的调研主题，或者反映当前高校相关情况的调研主题，才算是一个合格的调研主题。调研主题的确定，不应该是某个人的想法，而应该是整个小组集体智慧的结晶，同时也应该包含教师的指导，这样才能真正挖掘一个有调研意义和调研价值的主题。

③开展调研，完成调研报告。从开展调查研究到最后调研报告的完成，一般限定时间为一个月。这一个月当中，7天用来进行探索性调查和调查问卷的设计与完成，7天用来进行校内实地调查，7天用来进行调查数据的整理与分析，10天用来进行调研报告的撰写。

2. 注意事项

校内调研是一项非常严谨的工作，也是由小组成员分工配合、共同完成的工作。因此，在进行具体的校内调查过程中，对调研小组的成员有着较为严格的要求。

首先，要求小组成员严格按照社会调查的具体流程，来进行问卷的设计、发放及数据的整理与分析等，不能有文字抄袭、数据造假的现象发生，每一步都要真实进行，不能投机取巧、走捷径，因为校内调查的结果反映的是本校在此方面的真实情况，调查结果不只是思政课校内社会实践的成果，同时也是本校具体情况的真实体现。

其次，校内调研必须由小组通力合作、共同完成任务，而非一两个同学承担起全部工作，其他同学只是"搭便车"，不付出任何劳动，最后只是在小组成员表中挂个名而已。作为思政课的校内实践活动，不仅仅考查调查研究本身的结果，更为重要的是考查在调查研究的过程中，学生在思想、道德及专业素养等方面的表现。

最后，校内调研的主题选取要与所在学校当前的建设方向或者关注重点相结合。校内调研本身是一个任务量很大、需要多方配合的工作。因此，调研不能仅仅是为了完成思政课的校内实践这一环节，而应该从更高的层面、更广阔的视角去思考和选择调研的具体主题，让调研的主题真正紧密地与高校、学生的实际相结合，反映出高校某方面的具体情况，同时也为高校的建设和发展提供可借鉴的数据资料与理论观点。

3. 总结思考

校内调研是一个很好的窗口，能让大学生经由自己的调查、研究，分析和把握当前自己所在学校或相关群体中某个方面的真实情况，这是大学生接触社会的一个有益通道和途径。很多学生在某方面存在一些不太理性的认知，而且还坚信自己的认知是对的，这往往对自身和团体都是无益的。而通过校内调研，学生可以跳出自己这一棵树或者自己身边这一小片树林的范围，见到学校这个范围更大的整片森林。这样有助于学生对高等院校全局、对高校学生整体有一个清晰的认识，而不是停留在自己原来比较狭隘的认识上，这也正是思政课提升大学生思想修养的初衷。学生只有亲身经历了、了解了，并且通过精确的数据分析，才能对身边的大学生群体有一个全面、客观的评价，自己的思想才会更加理性，放弃狭隘和偏激的观点。

同时，校内调研也是一个在短时间内需要跟大量调查对象接触、交流的活动，非常能锻炼参与调研学生的人际交往能力。如如何跟陌生的同学初次接触，如何说服不愿意配合调查的同学，如何引导同学在填答问卷时能足够认真、说出自己最真实的想法，如何在小组内部进行合理的分工、配合等，这些都是对参与校内调研活动的大学生的考验。只有在这些具体的环节中认真对待、细心学习，才能不断提升自己的思想认识，约束和调整自己的行为实践，进而提升自己的综合素养。

三、主题演讲

（一）介绍

当代大学生一般具有思想丰富、视野广阔、喜欢表达自我的特点，演讲无疑能够给他们提供一个表达自我、展现自我的平台，演讲这种形式一直以来深受大学生的欢迎。其实，演讲不是空洞的说教，也不是社会现象的罗列，更不是人云亦云的老生常谈，而是要全面、彻底、充分地表达某一个观点，并且要让听者能够理解、明白你所表达的问题或者内容，所以演讲对演讲者的综合素养要求很高。它要求演讲者既要有清晰的思路、伶俐的口齿，又要对讲述材料的本质内涵加以分析、概括、提炼和延伸，同时还要能够通过富有理性色彩的语言表达，渲染并激起听众的心理共鸣，将听者的思绪引向一个更为崇高的境界，使演讲的主题得以升华。在青春激昂的高校校园内，主题演讲无疑是一个能够有效激发学生参与热情的实践环节。

具体来说，主题演讲就是思政课教师根据思政课的教学需要，选取一定数量的学生感兴趣的、能够引发学生思考的问题或者观点作为演讲主题，在高校校园范围内广泛号召学生参与的演讲活动，如在国庆节到来之际，在高校校园内开展"我与祖国共成长"的主题演讲活动，每一个学生都有自己独特的成长经历，同时每一个学生都是在中国改革开放繁荣富强的大环境中成长起来的，说起自己的祖国发展与个人成长都能够头头是道。在思政课堂上，特别是"毛泽东思想和中国特色社会主义理论体系概论"这门课上，教师讲授了很多近代以来中华民族抗争与探索的历史，学生在演讲的过程中有很多的史料引用，这也进一步巩固了学生在思政课堂上所学的知识。由此可见，主题演讲是思政课教学在高校校园内的一种拓展和延伸，它不但有效拓展了思政课的教学领域，而且锻炼了学生表达自我、展现自我的能力，丰富了大学生的校园生活，真正在高校校园内将大学生的课堂学习与校园生活有效地结合起来，是一种生动的校内实践教学形式。

（二）教学设计

主题演讲作为一种常见的校园实践教学方式，主要是以大学生的演讲为载体。演讲要紧紧围绕某一个主题展开，通过对该主题的阐述，帮助大学生对该主题相关的知识点有进一步的认识。演讲的过程需要大学生认真搜集、精心整理资料，努力分析和思辨问题，这本身就是大学生的自我教育过程，同时也是对其理解能力、分析能力和表达能力的一次锻炼。通过演讲，大学生可以充分表达自己的思想和展示自己的才华，提高语言表达能力、增强自信心，不断完善自我、充实自我。

1. 设计思路

在《毛泽东思想和中国特色社会主义理论体系概论》的《中国特色大国外交》这一章节教学过程中，思政课教师不但要讲授我国外交的发展历程，而且要讲授我国外交的重要特征及其对中国和世界产生的积极影响。有限的课堂讲授时间很难将这三个方面完整、透彻地讲清楚。众所周知，外交是一个国家实力的重要表征，必须在大学生对新时代处理复杂的大国关系上，中国外交所贡献的中国智慧有所理解。在讲授《中国特色大国外交》一章时，可以组织学生开展以"厉害了我的国"为主题的演讲比赛。具体的设计思路如下。

（1）确定主题

"厉害了我的国"可以作为演讲比赛的总主题，给学生以方向的指引，具体演讲题目和内容只要围绕这一主题展开即可，给学生以尽量大的发挥空间。虽然"厉害了我的国"主题演讲安排在《中国特色大国外交》的学习阶段，但是祖国的繁荣与日渐强大绝不仅仅体现在外交这一个方面。所以，总的演讲主题之下，学生可以选择能够体现祖国繁荣与兴盛的各个方面进行阐释，而非仅仅局限于外交这一个方面。这样有助于学生从多个方面了解中国近些年的发展，增强学生爱国的情感与道路自信、理论自信。

（2）组建团队

主题演讲看似简单，实则背后需要大量资料收集和演讲技巧训练，在教授《毛泽东思想和中国特色社会主义理论体系概论》时一般都是合班上课，即有两个班甚至更多的班级在一起上课，人数众多。对于合班上课的同学来说，可以组建若干个小组，小组成员最多10人，小组内部自行决定总主题之下的内容，分工合作，共同完成此次主题的演讲。演讲既是对本章中国大国外交的历程与成就的展示，又是对新中国成立以来几十年发展成就的总结与回顾。

（3）演讲比赛

以小组为单位，抽签决定演讲顺序，演讲者的仪表仪态、演讲技巧、演讲内容及多媒体技术的运用等，都是影响演讲效果的重要因素，每个小组都需要严格按照演讲规则参与比赛。

（4）成绩评定

评委由教师和学生共同担任，人员数量为奇数，评委根据演讲者的整体表现作出成绩评定，如论据是否充分、论证是否彻底、逻辑思路是否清晰及演讲者的仪容仪表是否端正等。评委不但要给出每个演讲者最后的成绩，还要现场对演讲者的优点与不足给予点评，让参与这一环节的每个同学都能收获心得和体会。

2. 注意事项

主题演讲的目的是通过演讲的方式，让大学生感受中国特色社会主义建设的巨大成就，培养和建立对祖国的荣誉感和自豪感，增强大学生的爱国情感。演讲不仅仅是为了比拼演讲的技能，而是应该在收集资料、准备演讲的过程中，全面了解中国改革与建设的巨大成就，在演讲的过程中感受和体验爱国的情感，进一步升华认识。

将"中国梦，我的梦"作为主题演讲的主题，首先要求学生应该对中国梦有一个准确的认识。只有对中国梦有了准确的认识，学生才能知道如何去实现自己的梦。

在学习《中国特色大国外交》的过程中，开展以"厉害了我的国"为主题的演讲比赛，很多学生会选择从中国的外交着手，展示新时代中国外交的巨大成就，但却陷入了盲目的自信之中。对此，教师应该敏锐地察觉到这一点，同时以翔实的资料和科学的理论知识对偏激和错误的观点进行修正，进而帮助学生以客观、理性的态度和视角，去认识中国建交以来的外交政策与活动，真正以一个客观、理性的视角去看待中国未来的发展。

3. 总结思考

主题演讲是思政课的校园实践教学形式之一，它理应比课堂实践教学的影响范围更为广泛。也正因为如此，应该对主题演讲参与者的范围进行调整，不应仅限于正在学习《毛泽东思想和中国特色社会主义理论体系概论》的学生。不同年级的大学生对于这本书，以及演讲主题的理解程度、思考视角各不相同，只有更多的学生参与进来，才能让更多的学生感受思政课校园实践教学的浓郁氛围，感受中国这些年改革与建设的成就，进而建立对祖国的深厚感情。

主题演讲表面看是一个人在台上演讲，实则背后是一个团队的努力。但是在具体校园实践教学环节，主题演讲在某些小组中运行得并不好，小组成员之间缺乏信任和凝聚力，导致主题演讲成为演讲者一个人的事情，其他小组成员只是旁观者。如果演讲成功，小组全体成员都会跟着受益；如果演讲效果不好，也只是演讲者一个人的责任。这是主题演讲这一实践教学环节中应该特别重视的地方。无论是主题演讲，还是课堂辩论，都只是一种形式，其重点在于对形式背后的内容、主题的把握。因此，思政课首先是思想政治教育课，是以提高学生的思想素质和道德素质为目的的，而主题演讲中个别小组出现的有功全上、有过都推，缺乏团队凝聚力的现象，与思政课的主旨显然格格不入。思政课教师应该先教会大学生如何做人，然后再引导其学习如何正确做事。

四、图书寻访

（一）介绍

书籍是人类进步的阶梯，它在赋予我们知识的同时，也在向我们传授生活的道理。当阅读成为一种习惯时，它就能够伴随我们的一生，让我们受益终生。在过去，图书对于人们的意义重大，人们的知识也大多来源于书籍。当今时代是一个全媒体、信息化的时代，人们习惯了使用各种电子产品与电子媒介，每天都可以通过微博、微信、抖音、门户网站等各类电子媒介获取海量的信息和资讯，以至于有些人慢慢丢弃了看书的习惯。大学生除了上课必须看的教科书之外，只有少数人保留着每天读书或者定期读一本书的习惯，对此必须引起我们的重视。作为一名大学生，丢弃了读书的良好习惯，不仅对于学业有影响，而且对于未来的人生发展也是一大损失。图书寻访旨在通过一种贴近现实的方式重新燃起大学生读书的欲望和热情。

具体来说，图书寻访就是思政课教师为了重新唤起大学生看书、读书热情的一种形式。图书寻访结合讲授的教学内容，充分利用高校图书馆丰富的图书资源，采用多种形式让一些对大学生人生发展、价值引领有促进作用的经典著作、名家名作能够在高校学生中流传开来，让更多的学生能够认真阅读这些经典，领会其中的内涵，而非仅仅知道名著的梗概或仅仅知道名著的名字，但对内容完全陌生。同时，思政课教师还要结合当下大学生喜欢的内容题材为学生推荐一些优质的新书，也欢迎学生向教师、向学校图书馆推荐好书、新书，丰富学校图书馆的馆藏。如思政课教师引导学生树立远大的理想并坚定信念、战胜困难去实现理想时，可以推荐学生去图书馆阅读《习近平的七年知青岁月》这本书。一则习近平总书记是我们熟悉和敬重的领导人，二则书中对习近平插队时的知青生涯有着详尽的描述并且有大量的照片佐证。阅读此书带给学生的不仅仅是关于理想、信念的思考，还能把学生从电子媒体的碎片化阅读与娱乐中解放出来，唤起其阅读的兴趣。因此，这种充分利用高校校内图书资源，激发学生读书热情、培养学生读书习惯的实践教学形式，无疑是高等院校思政课校内实践教学的一种重要形式。

（二）教学设计

在当前自媒体、微媒体盛行的时代，人们大都习惯了碎片化的阅读，在校的大学生也是如此。碎片化的阅读固然有利于人们充分利用碎片化的时间，提高人们阅读的效率，但是也有非常明显的缺点，那就是对知识的阐释和解读无法达到系统、深化的程度，更多的是一种快速的、瞬间的记忆，而纸质书籍更适合人们对某一方面的知识进行反复研读、记录等。众多微媒介的阅读也容易分散阅读者的注意力，表面看似涉猎很广，实则阅读比较浅显，甚至读后即忘，阅读效果不佳。高校是高等教育的重要组成部分，而高等教育重要的特点就在于对某一方面知识的系统了解和掌握，进而能够将其熟练运用、服务社会。因此，在当前微阅读日益成为人们的阅读习惯时，想要激发或者重新唤起大学生对于纸质书籍的兴趣并且重拾读纸媒的习惯，就必须采取一些有益的方式和手段。高校开设的思政课程，尤其是"思想道德与法治"这门课，想要提升高校学生思想素养、道德素养和法律素养，仅仅靠教师课堂上的讲授显然是不够的，它需要大学生广泛阅读各类书籍，真正了解某个事实、某段历史或者某个人物，而不是通过微博、微信里读到的只言片语。例如，讲到大学生的理想、信念、责任与担当时，思政课教师总会讲到一些名人、伟人的故事，但是这些片段的资料很难勾勒出一个鲜活的人物原型，因此需要大学生对这些名人、伟人有全面、系统的了解，以便去感受和理解。讲到习近平同志的理想、信念与责任担当，除了思政课教师的几个故事引入，还需要引导学生去认真阅读关于习近平同志的一段非常重要的成长经历——《习近平的七年知青岁月》，书中详细讲述了习近平同志青年时代的生活与经历，只有深入阅读这些资料，大学生才能理解习近平同志为什么会有现在的一系列治国理政方略，才能理解理想、信念的重要性，才能理解责任与担当沉甸甸的分量。

图书寻访可以充分利用学校图书馆的资源。思政课校内实践教学环节开设图书寻访，可以利用实践教学激发和唤醒大学生对于图书阅读的兴趣，增加大学生的知识储备，提升大学生的思想道德和法律素养。

1. 设计思路

在《思想道德与法治》一书《追求远大理想，坚定崇高信念》和《继承优良传统，弘扬中国精神》两个章节的教学过程中，可以充分利用图书寻访这一实践教学环节，以"理想""信念""中国精神"为关键词，让学生到图书馆去查找相关的资料，并选取一本书进行精读。读完之后，将自己的读书心得以书面的形式写下来或者以 PPT 的形式图文并茂地呈现出来，同时选取几位同学在适当的时候进行读书心得分享。通过图书寻访这一环节引导学生多看书，在精心选择并精读一本书之后，让学生对"理想""信念""中国精神"有一个系统、全面的认知和理解，懂得树立远大理想对于自身未来发展的重要性，理解坚定信念对于实现理想的重要性，明白"理想""信念""中国精神"并不是简单的词汇，而是中华民族深厚的民族底蕴与精神的有机结合，进而真正将个人理想与社会理想相结合，在实现社会理想的过程中实现自己的个人理想。

（1）选题目的

部分当代大学生在思想上一个比较大的问题就是缺乏理想，更缺乏实现理想或者目标的信念，甚至有少部分大学生缺乏对于生活应有的热情和激情。当代大学生大都在父母无微不至的照料中长大，每个家庭无论富有与否，都在尽全力为孩子提供良好的生活环境。因此很多大学生习惯于享受现有的一切，缺乏向上、向前的动力，对未来也缺乏应有的规划。显然，这种现象是很令人担心的。因此，必须通过有效的途径与手段来激发学生对于未来、对于理想的认识。在高校校园内开展图书寻访，让学生通过阅读来思考自己，思考未来的人生规划，未尝不是一种好的途径与手段。

当前，我们身处实现中华民族伟大复兴的宏大背景之下，每一个人都肩负此重任，如果连"中国精神"都不甚了解，就更不要说弘扬"中国精神"了。设计图书寻访这一校内实践环节，就是要让大学生自己通过阅读书籍去了解、理解到底何谓"中国精神"，只有真正理解"中国精神"的内涵，才能发自内心地去认同它、弘扬它，真正做一个有责任、有担当的当代新青年。

（2）实践要求

图书寻访表面看是学生去阅读、学习的活动，实际上它并不是一个学生个体的任务。图书寻访其实是思政课教师与学生双向持续互动的过程。

第一，思政课教师要对图书寻访实践环节进行精心的设计与充分的准备。在讲授《思想道德与法治》的第二章《追求远大理想，坚定崇高信念》与第三章《继承优良传统，弘扬中国精神》过程中，要有针对性地安排图书寻访这一实践教学环节。如开列相关书目，让学生去图书馆借阅；给出检索关键词，让学生去图书馆检索、借阅；布置读书心得的书写规范和PPT的制作要求，以及分享展示的具体要求。图书寻访不仅是让每一个学生自己完成阅读，同时还要让学生彼此分享阅读的心得体会，让好的图书影响更多的大学生，促进大学生的成长、成才。

第二，学生认真对待此实践教学环节，并且积极完成相关实践任务。如选择书目要与《思想道德与法治》的第二章与第三章内容密切相关；认真阅读自己选择的书目，精读并做好读书笔记，不能像阅读手机、网站上面的文章一样仅仅是走马观花、快速浏览。这一环节要求学生既要在阅读过程中有所感悟，也要将领会的思想精髓以一种完整、立体的方式呈现出来，与更多的同学分享，共同成长。

第三，图书馆馆藏图书是学校的宝贵资源，阅读时必须妥善保管。书少而借阅者多，所以不能长期独占图书，浪费有限的图书资源。虽然不同的教师教授不同的班级，但是思政课整体的教学进度是大体一致的。因此，在思政课开展图书寻访的实践教学期间，到图书馆借阅书籍的学生会比较多，这就需要学生不但要完成具体的校内实践教学任务，阅读好的书目，而且要注重自己在公共场合的言行，懂得保护学校的图书资源，在规定的时间内借阅，不超期、不毁损图书。同时也要求借阅的学生作为一个群体，要懂得整合资源、合理利用资源，真正让好的图书流动起来，提高图书的借阅率，让更多的同学能够阅读到好书，让学校的图书资源充分发挥作用。

（3）活动评价

每一位同学必须完成一篇书面的阅读心得体会。如果多位同学阅读的是同一本书，可以彼此分享阅读的感受，让大家从不同的视角去看这本书，从不同的角度去体会作者传递给读者的信息。如果时间允许，学生可以将阅读心得体会制成PPT，将书中的经典语段以及读书过程中自己的感受与体会融入PPT中，图文并茂，以更为生动、直观的形式呈现给大家，让更多同学能够了解该书的思想和内容。

作为思政课的重要组成部分，学生撰写的阅读心得体会切忌抄袭，一经发现，按照未完成实践环节处理。

教师根据学生阅读、分享、撰写、制作等多方面的表现，进行综合评定，最后给予学生此实践教学环节的成绩。

2. 注意事项

图书寻访实践教学环节的设置目的是把大学生从碎片化的阅读中解放出来。图书寻访这一实践教学形式要求学生认认真真阅读一本书，重拾阅读的习惯，体会阅读的乐趣；要求学生不但要阅读，而且还要通过阅读真正有所感悟和体会。

教师一定要注意把握好开列书目的质量，确保开列的书目是当代大学生比较感兴趣的，是真正对学生有益的，同时也是与学生目前所学思想政治课的教学内容紧密结合的。思政课教师还要让学生明了为什么要阅读这本书，阅读这本书可以收获什么，使学生的阅读更具目的性，而不是盲目地阅读，或者为了完成阅读而阅读。

对于那些未选择教师开列书目中的图书而是自行选择图书阅读的同学，负责指导的思政课教师应该及时与学生沟通，了解学生所选阅读书目的内容，防止出现选书不当的现象，或者引导学生从某一个或几个视角来阅读该书，真正让学生在阅读中有所收获。

要想让学生深入细致地阅读，必须给学生足够的阅读时间。同时，由于思政课程实践教学环节的图书寻访涉及《思想道德与法治》第二章和第三章两个章节，因此教师应给学生留出一个月的时间来认真阅读、精细阅读，以保证阅读的质量。

3. 总结思考

图书寻访，一方面是为了引导学生在碎片化阅读的时代能够就某一个方面或者领域进行深入、系统的阅读，另一方面是为了充分利用高校丰富的图书馆资源。最重要的是让学生经由细致的阅读，能够真正让内心有所触动、反思，学会思考自己的人生规划、社会的未来发展、国家的强大、民族的复兴等，逐渐走出泛娱乐化的困境，勇于进行自我反思，勇于担当时代重任。

在进行图书寻访这一环节时，可能会出现部分学生并没有认真、完整地去阅读某一本书，而是粗略浏览之后在网络上搜索一些关于此书的书评或者读书笔记，来完成自己的读书心得体会的现象，这是一种非常不好的现象，也是一种不诚信的表现。思政课最主要的目的就是培养学生思想道德素养和法律素养，因此这种行为是绝对不应该出现的，一旦出现此类行为，即实践教学环节成绩为零。若没有惩罚措施，图书寻访实践教学环节的质量就会大打折扣。因此，在思政课的实践教学过程中，教师必要的引导、认真的指导与明确的奖惩应该有机结合。

图书寻访除了教师指定学生阅读的某些书目外，更重要的是通过这一环节，让大学生养成彼此分享好书的习惯，学生之间本身就有很多共同的兴趣和观点，分享的图书也容易引起其他同学的兴趣。此外，优秀的图书有很多，但每个人的时间和精力都是有限的，通过彼此分享可以让学生省去寻找和选择图书的时间，有更多的时间去阅读和细细品味图书，丰富自己的思想，提升自己的品位。

五、知识竞答

（一）介绍

大学生对于知识的掌握可以有很多种方式，既有在教师课堂讲授中的理解与识记，也有在课外学习资料中的掌握，还有在社会实践中的获得，其中知识竞答就是一种比较常见的形式。此外，知识竞答也是一种普及科学知识的有效途径，为了能够正确回答竞答题目，学生就必须进行全面的知识准备，这样他们势必会广泛地收集和阅读相关资料，这个准备的过程本身也是学生实践和历练的过程。知识竞答既能使学生进行有效的校内实践，又能调动广大大学生掌握知识的积极性，因此近年来知识竞答也越来越受到大学生的欢迎。

具体来说，知识竞答就是思政课教师结合教学大纲和教材所学内容，为了考查课程内容，拟定竞答的题目和参考答案，并且通过竞赛的方式来使学生巩固所学知识和内容的一种形式。同时，知识竞答还具有其他校园实践教学形式不可比拟的优势，那就是知识竞答形式非常灵活，既可以在整个大学校园开展，又可以在某个二级学院开展，还可以以班级为单位开展，不同规模和级别的知识竞答都是为了达到同样目的，那就是帮助学生对思政课或者与思政课相关的内容进行理解和掌握。例如，某高校在思政课教师的倡导和组织下开展了以改革开放为主题的知识竞答，因为是以改革开放为主题，范围非常广泛，所以学生在准备知识竞答时需要查找和收集大量相关的资料，其中涉及政治、经济、文化和社会生活的方方面面。为了赢得知识竞答的比赛，在这期间学生学习的主动性往往特别强，而且非常有针对性。在如此积极主动、高强度的学习之下，一个非常好的结果就是经由此次知识竞答，学生对改革开放四十多年这段历史时期的相关知识掌握得都非常扎实。由此可见，知识竞答不但能推动学生的自我学习，而且能够在高校范围内营造一种全体学习、热爱学习的良好氛围，这也是一种非常好的思政课校园实践形式。

（二）教学设计

知识竞答这一校园实践形式不同于其他形式，它最能激发学生学习知识的主动性与热情，其他实践教学环节更多的是帮助或者辅助学生理解某一个知识点的内容。而知识竞答则直接指向知识点，对于知识点的涵盖面非常广，它以比赛的方式进行，激发大学生赢得比赛的热情，让学习的主动性随之提升。

1. 设计思路

《毛泽东思想和中国特色社会主义理论体系概论》中《四个全面战略布局》，详细讲述了中国在全面建成小康社会、全面深化改革、全面依法治国以及全面从严治党四个方面的努力和成绩，而这也正是中国改革开放四十多年历程中，党和国家在各个方面付出努力和取得成效的集中体现，涉及的内容和知识点非常多，而如何开展课堂教学、如何通过实践教学的环节让大学生对这些知识点熟练掌握是一个难题。而知识竞答这一形式恰恰能够将大范围知识点集中在一个实践环节中呈现，借助竞赛的方式能够更好地激发学生的学习积极性和主动性。

（1）知识竞答方案的制订

以改革开放为主题，通过知识竞答的方式，鼓励和推动学生多多了解和掌握中国改革开放四十多年的奋斗历程与取得的伟大成就，激发学生的爱国热情。知识竞答是在全校范围内开展校园实践教学的环节，因此，在比赛时间、场地的确定方面需要与学校其他部门进行沟通协调，如校团委、学生处、党委宣传部等部门。知识竞答方案的确定既需要思政课教师精心策划，也需要相关部门进行配合协调。

（2）知识竞答工作的开展

整个知识竞答分为初赛和决赛两个阶段进行。每个阶段的竞答题目都分为三个类型，即必答题、抢答题、风险题。竞赛开始之前要进行广泛的宣传和动员，做好宣传工作，吸引和招募尽可能多的大学生参与其中。

正在学习《毛泽东思想和中国特色社会主义理论体系概论》一书的学生，以班为单位参与竞答，每班推选3名学生组成竞答小组。思政课教师主要负责竞答题目的准备。知识竞答现场的主持人、评委和工作人员必须经过培训和演练。初赛以班级为单位，通过一周的初赛环节，产生有资格参加决赛的队伍。

知识竞答共设一等奖1个、二等奖2个、三等奖3个和优秀奖若干。

2. 注意事项

知识竞答是激发大学生主动学习的好方法，也是检验其学习成效的好办法，但是检验离不开好的检验载体，知识竞答过程中各位思政课教师出具的知识竞答题目就是非常重要的载体。这些题目必须是对中国改革开放建设探索与经验成就的高度浓缩，因此，思政课教师的工作量非常大，不但出题数量要能满足预赛和决赛的需要，而且题目的质量必须高，严禁有语意不清、表义不明的问题出现。

知识竞答是一场非常激烈的比赛，因此要求参加竞答比赛的评委必须保持公正、公平，严格遵守比赛要求，严禁偏袒任何一方或者出现不诚信行为。

知识竞答因其竞赛性质，对竞赛现场的灯光、音响、投影、计算机、抢答器等硬件的要求很高，其中任何一项出现问题都会影响比赛现场的成绩，所以对于后台工作人员的要求也非常高。知识竞答在正式开始之前要进行彩排，及时发现问题、排除隐患，确保正式比赛现场万无一失。

知识竞答对于参加的大学生来说是一场比赛，比赛就意味着有输有赢，要求选手无论成绩如何都必须秉持"友谊第一，比赛第二"的原则，遵守赛事规定和要求。

3.总结思考

在以往的一些知识竞答活动中，组织者往往会创建一个知识题库，让参与知识竞答的学生提前通过题库中的题目进行练习，这样可以调动参与竞答学生的积极性，让其对竞答比赛有所准备。但是需要注意的是此种形式比较适用于初赛环节，因为初赛相对于决赛来说，难度较小，参赛学生的准备无论是在时间上还是在内容上都不太充分，如果有题库题目可供参考、学习，对于初次参加知识竞答比赛的学生也是一种帮助。但是进入决赛环节，竞答比赛的难度就会大大增加，不但要有教材上的知识点，还需要有结合现实生活实际的题目，以考查学生的分析和判断能力。这一点需要引起出题教师的注意，也是在知识竞答环节需要加以完善的。

知识竞答这一思政课实践环节，目前来看还比较单一，不能全面反映参赛选手的水平。在今后的知识竞答筹备过程中，可以借鉴和吸收学校主办专业技能竞赛的经验，丰富思政课知识竞答的内容与环节，进一步激发学生学习的主动性和参与竞答活动的兴趣，关注国家发展社会动向，做一名合格的新时代大学生。

第三节　高校思政课程社会实践教学

　　社会实践教学不同于课堂实践环节，也不同于学生在校园内部的实践教学，它依据课程的教学任务和教学要求，在教师的指导之下，使学生有计划、有步骤地参与校园外的各类社会实践活动。由于学生大部分时间都是在校园内部学习、生活，所以社会实践教学更多的是要求大学生在寒暑假或者节假日的空余时间，到社会中参与实践活动。思政课上讲述的很多关于人生、社会、经济、政治等方面的理论知识都比较抽象，需要学生在参与社会活动中对此方面的知识有真实的感受，才能对这一知识点有更深刻、更全面的认知。

　　社会实践教学的形式一般包括校外参观、公益活动、社会（家庭）调查、勤工助学、志愿服务等。多种形式的社会实践活动可以为大学生提供多种渠道了解现实。例如，校外参观，特别是展现革命和建设历史的纪念馆参观，可以让大学生更直接地感知某一历史事件的发生背景和发展过程；参与公益活动和志愿服务，可以让大学生通过接触社会、参与社会生活，改变原有对社会的偏激看法和认知；大学生勤工助学等，可以让大学生通过具体实践感受生活的不易，理解父母的艰辛，进而树立正确的人生观和价值观；大学生参与社会调查或者家庭走访调查，可以让学生对某一社会现实有更为全面的认识，培养正确看待问题的习惯，能够以积极、正向的视角去看问题。

　　社会实践教学的重要性不言而喻，社会实践教学的效果也是其他教学方式难以匹敌的，但是社会实践教学也有其特殊的要求。首先，社会实践教学需要教育行政部门或者高等院校对这一实践教学形式给予时间安排上的支持与协助；其次，各方需要有效整合各类资源，一起为思政课的社会实践教学提供多方面的便利和支持；最后，还需要高等院校对思政课社会实践教学给予经费和组织管理方面的支持，离开实践经费的投入，社会实践活动可谓寸步难行，离开学校各部门的有效协调与组织，社会实践教学很难有序、稳定、长期开展下去。

一、基地实践

（一）介绍

理论讲授与实践锻炼相结合才是学生理解和掌握知识的最佳方式，高等院校历来非常重视实践教学基地的建设，力图将学生的校内学习与校外实践有机结合起来，真正达到学以致用的目的。但是就目前状况来看，高等院校的实践教学基地更多的是倾向于学生专业技能的实践。如司法类专业的实践教学基地多为各级基层法院、检察院；而师范类专业的实践教学基地多为各地中小学；社会工作专业的实践教学基地多为街道办事处、社区居委会或者各个社会工作专业机构。这些实践教育基地都是与学生的专业技能实习直接对接的，而专门的思政课实践教学基地则比较少。在当前社会思想多样、价值多元、生活方式也日益多元的背景之下，大学生的思想和行为也日益多元，要想引导学生树立正确、科学的价值观，培养符合社会规范的行为方式，思政课教学就需要有一套行之有效的理论和实践相结合的教学方式。

具体来看，基地实践就是思政课教师带领高校学生走出校园，走到学校定点的校外实践基地进行实地生产、制作或服务，真正以一名劳动者或服务者的身份去接触社会、感知社会、了解社会，进而服务社会。在此过程中教师要根据教学需要和教学目标引导学生有所思考和感悟，对人生、生活、工作、社会形成更为理性的认识，进而确立科学的世界观、人生观、价值观。一般来说，每一所高校所在的城市或地区都有历史文化古迹和红色教育基地或者博物馆等，这些地方都蕴藏着丰富的教学资源，如果作为高校校外实践教学基地，可以让学生在思政课上学习知识的同时，深入这些基地进行实践。例如，培养高校学生成为红色教育基地的实习讲解员、引导员等。让学生作为讲解员去为参观学习的人们进行相关史料的讲解，这是一个非常好的实践机会，同时也有助于学生对于自己在课堂上和校园内所学知识有一个主动深化理解的过程。因为讲授与学习不同，学会了不一定就能完整顺畅地讲述出来，更不一定能讲好；而能够完整、清晰地把某一个史料或者知识点讲述给听众，讲述者本人一定是学懂了、学会了。由此可见，基地实践是一种真正有利于学生将课堂所学内容转化为自身实际行为的、不可或缺的实践教学形式。

习近平总书记在学校思想政治理论课教师座谈会上强调，推动思政课改革创新，要坚持理论性和实践性相统一，用科学理论培养人，重视思政课的实践性。学生接受思政教育是一个知、情、意、行相统一的过程，每一个环节都不可或缺。仅仅开展课堂的理论教育教学是不够的，还需配合外出参观考察、活动体验等实践教育教学。思政课实践教学是思政课教学的重要组成部分，是思政课课堂理论教学的拓展和延伸，是使学生在实践活动中将所学理论转化为思想与行为的重要环节。思政课校外实践教学基地是开展思政课实践教学的重要载体，要想搞好校外实践教学，开辟、建设校外实践教学基地十分重要。高校开辟、建设一批稳定的思政课校外实践教学基地并予以充分利用，对于搞好思政课实践教学，加强对学生爱国主义、历史文化、革命文化及社会主义核心价值观的教育将会发挥重要作用。

（二）教学设计

思政课校外实践教学能够有效弥补课堂实践教学与校内实践教学的不足，校外基地实践教学给大学生提供了近距离接触社会、了解社会的机会，同时也有助于锻炼和提升其职业技能。更为重要的是，它能够在真正的实践中修正学生的思想、理念和行为。

基地实践不仅是思政课实践教学的必要组成部分，也是当前高校增强学生职业技能与素养的必要途径。从职业道德素养的角度看，基地实践能够通过真实的职业环境、职业生活，让学生对职业有更为全面、立体的认识，同时体验职业生活的严谨，对职业产生敬畏之心，提升职业道德与职业素养；从思想道德素养的角度看，基地实践可以让学生对生活、对社会有真实的体验，懂得生活的不易，懂得父母每日工作养家的辛苦，懂得正确看待每一份职业及其从业者，树立一种积极向上的人生态度，进而建立正确的人生观与价值观。

1.设计思路

（1）实践方案的制订

校外实践是高校与实习单位为共同培养学生成长而建立的一种合作关系，通常高校与校外实践基地都有长期合作，双方一般都签有合作协议，协议明确了双方的权利和义务。学生应该严格遵守学校的实习规定，认真完成实习单位布置的工作，遵守实习单位的工作纪律；实习单位应该给学生在本单位实习提供支持与便利。高校与实习单位都希望学生在有限的实习时间段内能够学有所思、学有所获。与此同时，学生进行校外实践必须严格按照实践方案进行。一般来说，实践方案包括了学生实习的时间、地点、内容、注意事项以及成绩的评定、学分认定等。实践方案是校外实践的基本指引，因此，必须在校外实践进行前制订完整的、贴合具体实践情况的校外实践教学方案。

（2）校外实践前的准备工作

凡事预则立，不预则废。作为思政课的校外实践教学，思政课教师必须在校外实践教学活动进行前，就对此次实践教学所要达到的目的有一个清醒的认识，而实践目的与思政课上所学的内容是密切相关的。以法律专业所到的检察院、法院等实习基地为例，实践之前必须明确此次实践教学的目的，不但要让学生通过参与证据采集、庭审现场等活动，感受不同人的人生轨迹、人生态度和人生价值，而且还要真实感受作为一名司法工作者对待工作的态度。简言之，从案件当事人身上可以了解到不同人的世界观、人生观、价值观，从司法工作者身上可以学习到职业道德。

（3）校外实践过程中的指导

校外实践过程中，学生离开学校，进入实践单位，而单位不同于学校，有行业和单位固有的工作规范，参与校外实践的学生必须遵守。这一点，校外实践的指导教师必须给参加实践的学生以清晰的指导，如在司法系统实践的学生，指导教师必须明确指出违反工作操作规定可能造成的严重影响，一个很小的失误，就会给当事人造成严重影响，也会影响司法判决的公正性。此外，如果高校学生到红色教育基地做讲解员，指导教师应该要求学生先全面了解教育基地的历史及概况，同时能够准确、熟练地向他人讲述教育基地的相关情况，讲红色故事、传递红色精神、做红色传人，不做有损基地和学校声誉的事情，不做违反基地规定的事情。总之，虽然学生走出了校园，但是教师的指导不能缺位。

（4）校外实践后的交流分享

校外实践之前思政课教师要给学生布置一些实践过程中需要注意观察和思考的问题，如司法类专业学生实践过程中每一个大学生面对的当事人和法官、检察官都不一样，每一个学生观察到的内容不同，每个人的体会和感悟也就各不相同。

实践之后的交流分享环节可以让学生分享自己的所见、所闻、所感。一方面分享实践过程中的经历，感受干好一份职业的不易；另一方面，学生之间可以经由分享在思想上产生激烈的碰撞，对自己的人生有一个新的认识，修正自己的人生目的、态度和价值观，对职业心怀敬畏之心，理解职业道德对于个人发展与社会和谐的重要性。

（5）成绩评定

校外实践教学中，虽然教学的场所和形式发生了变化，但始终是思政课教学的重要组成部分，而且是必修环节，因此必须有严格而完善的考核环节。校外实践教学环节成绩的评定主要由三个部分组成：一是实习单位指导教师的评价，二是校内指导教师的评价，三是实践报告的撰写与实践后的分享交流。这三个部分可以较为全面地反映学生在校外实践期间的综合表现。

2. 注意事项

不管是与提升职业技能的专业实习相结合的思政课校外实践教学，还是单纯的思政课校外实践教学，都是为了让大学生通过亲身参与社会实践，对人生、对职业、对生活、对社会有更为深刻、理性的认识。在基地实践活动结束之后，要让学生写出接触专业的工作感受，通过写工作感受促进大学生对基地实践的再思考。

到红色教育基地做讲解员，要求学生带着这些问题去实践，例如，一个人的人生到底应该怎么过？自己应该以一种什么样的态度去面对未来的人生？个人的价值应该通过什么样的方式去实现？个人与社会的关系到底应该是什么样的？只有结合自己的亲身实践，结合自己对于抗日英烈的近距离了解，才能对上述关于人生目的、态度、价值等问题有一个比较清晰、深刻的答案。

实践教学中教师的指导是必不可少的。当学生在实践过程中遇到困惑、难题时，教师应该及时给予解答，消除学生的困惑，帮助学生建立正确的思考方式和价值理念；对于学生在撰写实践报告的过程中遇到的问题，教师也应该及时加以指导和解答。

基地实践过程中学生身处校园之外，人身安全是最为重要的，指导教师必须将安全方面的注意事项及时传达给学生，并要求学生认真执行，确保学生在基地实践期间的人身安全。

3. 总结思考

实践的目的在于深刻理解课堂上所学的理论，经由实践去验证理论的正确性。人生应该怎样度过，应该以一种什么样的态度去面对人生，什么样的人生才是真正有价值的人生，这些问题对于那些涉世未深的大学生，仅仅依靠课堂上的讲解，他们只能一知半解，甚至有部分学生会对思政课教师讲述的内容不以为然。只有他们自己亲眼看过、亲身体验过才能真正对教师课上所讲内容有一个较为理性的认识。禁毒教育基地的实践，不仅仅是要告诉大学生不能靠近毒品，更是要让他们通过每天给他人讲述的一个个活生生案例，让他们深刻感受到一旦沾染毒品，他们的一生就会如同案例中当事人那般家破人亡、妻离子散的惨状，身体每况愈下，何谈人生发展、人生价值。

道德要求看似十分简单，要做到并一如既往地坚持下去也非常不易。经过此次实践，大学生应懂得道德在不同领域的重要性，懂得个人品德、家庭美德、职业道德、社会公德对于社会、国家及对于每个人的重要性，并在日后的生活与工作中牢记这一点。

二、校外参观

（一）介绍

观察是一种很好的学习方式，若想要了解和掌握某方面的知识，在亲自去实践之前，只需要认真观察他人是怎样做的即可。模仿也是一种很好的学习方式，当不知该如何行动时，可以通过模仿他人的正确行为来达到目的，这是一种非常简洁但是效率很高的学习方式。当代大学生求知欲望强烈，想要学习和了解的东西很多，但是因为学生的身份限制，再加上时间、精力有限，无法事事都通过自己亲身实践去了解和掌握。因此，利用假期到校外去参观考察，在参观的过程中观察和模仿优秀人物的行为，不断改进自己的行为方式，就是一种非常好的学习渠道。

具体来说，校外参观就是思政课教师结合具体教学内容的进度和安排，组织大学生走出大学校园，进入具有学习价值和考察价值的场所，让学生在真实的场景中去倾听、观察和了解某一个具体的历史时期，了解不同人的所思、所想和所为，进而受到启发、感染，从而有所收获的一种校外实践方式。校外参观看似简单，实则需要思政课教师的大量付出。教师不但需要结合教学内容以及教学目标去选择参观的地点，而且还需要准确把握每次外出参观会对大学生的思想和行为产生怎样的影响和效果。要想让大学生深刻理解和领会思政课程中的内容，仅仅依靠教材上有限的内容讲解显然是不够的，而校外参观则能很好地弥补这一不足。

（二）教学设计

校外参观是思政课校外实践教学的形式之一，带领大学生走出校园，走到革命先烈曾经战斗过的地方，走到纪念革命先烈的纪念馆，走到在中国革命和建设过程中具有里程碑式意义的纪念场馆，让学生感受先烈当年的英勇事迹，激发当代大学生的爱国情感。

1. 设计思路

《毛泽东思想和中国特色社会主义理论体系概论》阐述的是中国共产党领导人民进行革命、建设、改革的历史进程，以及在这一进程中所积累的宝贵经验。党的思想理论都有其形成的独特背景，都与那个时代党的领导核心人物的生活、工作经历密切相关。正因为如此，思政课教师才可以带领学生走出校园，走到领袖人物曾经生活和工作过的地方，去了解和感受他们当时的所思所想，去了解他们的决策背景，这种实践教学方式具有其他实践教学形式无可比拟的优势。以《新民主主义革命理论》这一章节为例，李大钊在新民主主义革命过程中作出的贡献是卓越的，而李大钊的故居就在北京，因此对于北京的学生来说，外出参观具有可行性。下面以参观李大钊故居为例，就校外参观的具体方案设计如下。

（1）确定方案

外出参观，表面看只是乘车去某个地方参观，实际背后有诸多事宜需要处理，如参观时间的确定、参观人数的确定、参观路线的确定、车辆的确定，以及学生意外险的购买。

首先，确定参观时间。时间可以安排在"毛泽东思想和中国特色社会主义理论体系概论"课所在学期的某一个周末。因为该门课程是合并大班上课，有的是两个合班，有的是三个合班，周中各班课程安排不同，无法实现同时外出参观。

其次，确定参观人数。原则上每个人正在学习"毛泽东思想和中国特色社会主义理论体系概论"的学生都必须去，但是因疾病或其他原因请假者除外。参观人数由辅导员提前一周确定，并将参观人数统一报送至有关部门。

最后，进行参观协调。带学生外出参观任务艰巨，思政课教师可以整合资源，确保活动得到学校更多部门的支持与协助，如寻求学生处、校团委、医务室和安保部门的支持等。

（2）组织参观

参观过程中各班有序进入、离开，不得喧哗、打闹，要认真聆听讲解员的讲解，如有疑问需要解答，举手示意带队老师。

（3）撰写观后感

外出参观不应走马观花、敷衍了事，而是要在参观的过程中有所感悟并形成新的认知。通过实地参观，学生更能了解革命先烈当时所处的困境与革命过程的艰辛。因此，撰写观后感是确保学生能够认真聆听讲解、仔细观察革命先烈曾经足迹的一种手段。同时，观后感要求流露出自己的真情实感，禁止照搬照抄。

（4）成绩评定

此项实践教学环节中学生的表现主要由两个方面组成：一是外出参观时的表现，二是观后感的撰写质量。评价主体由思政课教师和学生课代表共同组成。

2. 参考资料

党史专家一致认为，北京李大钊故居是李大钊传播马克思主义、创办中国共产党、领导北方工人运动、促成第一次国共合作等一系列革命实践活动最具代表性的历史见证。

很多大学生对李大钊的了解仅仅是一些广为流传的评价而已，他们并没有真正了解李大钊，以及他为中国的革命作出过哪些艰苦卓绝的斗争，这显然是不行的。学生在参观李大钊故居的同时，也了解了李大钊心怀天下的情怀与积极投身于解放劳苦大众事业的一生，有助于培养大学生的责任感与时代担当精神。

3. 注意事项

校外参观首先应注意外出参观学生的人身安全，安全必须放在第一位，必须为参观学生购买意外保险。

校外参观只是一种教学手段，通过参观有所收获才是目的，因此，必须有检验学生参观效果的手段，撰写观后感尽管并不新颖，但却是一个检验学生是否有所体验和收获的重要方法。在评阅学生上交的观后感时，应该关注学生所表达的参观体验，特别是学生提出改进建议的地方，以期不断优化思政课在校外参观这一环节的设计。

4. 总结思考

校外参观的特点，一是走出校园，二是以参观的方式进行学习。此外，参观北京李大钊故居不仅仅是为了了解李大钊个人及其为革命作出的贡献，更为重要的是了解李大钊所处的时代、所经历的革命阶段，了解新民主主义革命中中国人民的抗争与求索过程，进而激发大学生的爱国热情。外出参观要与《毛泽东思想和中国特色社会主义理论体系概论》这本书所论述的内容紧密结合，只有带着这样的认识，才能明白并实现参观的意义和价值。

三、社会调查

进行深入全面的调查研究是我们获得丰富、翔实数据与资料的基础，也是我们透过事物的表象认识事物本质、揭示社会发展规律的重要途径。当今社会瞬息万变，资讯异常发达，对于广大正在求学的大学生来说，学校课堂固然是获取知识信息的途径，但是在课堂之外，广阔的社会环境也是大学生真正获取知识信息的重要途径，教科书上的知识在这个瞬息万变的时代容易显得老套，加之大学生对于新事物、新理论又充满了渴求，因此，高校课堂上教师应更注重教授学生高效学习、有效学习的方法，而非有限的知识内容。因为掌握了学习的方法，就如同拥有了点石成金的魔法，在未来的学习、生活中可以凭借此学习方法持续地获得知识，持续地让自己得到成长和发展。社会调查就是一种非常理想的让学生持续发展和提升自己的方式。

具体来说，社会调查就是思政课教师根据教学内容和教学目的的相关要求，设计相应的调查课题，让学生深入社会的各个领域、各个角落去了解、搜集和掌握相关的数据、资料，对搜集的资料进行统计、分析，并最终形成相应的结论。这个搜集资料的过程本身就是对大学生能力的锻炼过程，因为要想搜集资料，就必须通过设计问卷这一途径，而设计问卷本身就是对学生问卷设计能力的考查和锻炼，如问卷如何发放、如何回收、回收之后如何进行统计分析，统计分析数据时使用哪种统计分析软件。数据分析的过程本身也是一个去粗取精、去伪存真的过程，最终调查结论的得出也是对大学生分析能力、判断能力的考验和锻炼。除了从技术的角度看待社会调查对大学生能力的锻炼之外，还可以从扩展学生视野、培养学生家国情怀、增强学生社会责任感等各个角度来看待社会调查。大学生的社会调查方向、主题非常广泛，既可以是国家、民族的问题，也可以是家庭、家族的问题，还可以是大学生自身的心理、生活、认知等方面的问题。社会调查选题的广泛不但能够拓宽大学生的视野，而且能够激励学生去发现、分析社会生活中的各种现象，进而分析现象背后的原因，揭示其背后蕴含的基本规律，真正提升大学生理论联系实际的能力。

校外实践教学中的社会调查与校园实践教学中的校内调研，在流程上是基本一致的，它们都遵循一样的调查程序和调查步骤。校内调研和社会调查的不同之处有二：一是调查进行的地点发生了变化，一个在校园内，一个在校园之外；二是调查的对象发生了变化，校内调研主要的调查对象是本校的学生，他们往往比较配合调查，而发生在校外的社会调查则不同，被调查的对象是社会上的各种人群，这就要求学生在进行校外的社会调查之前，要认真学习一下如何与不同类型的人群进行沟通，如何消除陌生人的不信任感，进而赢得陌生人的信任，使问卷能够顺利发放并填写。其他方面，如问卷如何发放、回收、统计等与校内调研基本一致。

四、发现生活

（一）介绍

生活中，不是缺少美，而是缺少发现美的眼睛。确实，现实生活中有很多美好的东西值得我们去发现、聆听、欣赏和学习，只是现代社会人们都习惯了快节奏的生活，太过关注某样东西的实用性及其对人类的价值，无心去慢慢欣赏和品味生活本身，无法发现生活带给我们的实用、功利的另外一面。社会发展日新月异，创新无疑是社会发展的动力和源泉，而创新就是源自对于生活的仔细观察和发现，没有一双善于发现生活之美的眼睛，显然无法挖掘自身创新的潜力。当代大学生虽然生活于过度推崇速度和效率的时代，但是内心始终要保留一份求真、唯实、探索的精神，唯有如此，才能在滚滚向前的时代浪潮中不至于迷失自我。

具体来说，发现生活就是学生在思政课教师的引导下，在自己的校外生活和工作中培养敏锐的洞察力，善于观察和发现生活中的真、善、美，善于发现自己、他人、社会还存在哪些不足和问题，积极思考、分析如何解决问题，让我们的生活变得更和谐、美好。在发现生活这一校外实践教学环节中，思政课教师起着非常重要的作用，他们承担着引导学生去哪里、向哪个方向发现和寻找，到底要发现和寻找什么的重任。例如，在思政课教师讲授社会主义核心价值观这一章内容的时候，思政课教师普遍面临的问题是，内容理论性较强，学生觉得内容比较空泛。在讲到这部分时思政课教师很可能会列出很多案例、人物事迹等，来让学生理解何谓社会主义核心价值观。而在校外实践发现生活这一环节中，思政课教师鼓励学生从自己的生活中、家庭中甚至实习的工作单位中，发现那些真正在努力践行社会主义核心价值观的人或事，并将这些发生在自己身边的真实的事迹典范讲述给老师、同学听或者书写下来。学生在校外实践中的发现本就需要洞察力和敏锐性，把这些事迹典范讲述或书写的同时，又对社会主义核心价值观进行了重新思考、组织和梳理，使学生对于社会主义核心价值观又有了新的更深一层的认识。因此，校外实践中发现生活这一教学实践环节的重要性不言而喻。

（二）教学设计

人的思想源自生活，思想的改变也源自生活改变，生活给予了我们很多。有一部分人总在抱怨自己太累，总在抱怨自己拥有太少，总在抱怨他人对自己不够好，甚至有人会说这个社会戾气太重，凡此种种，都让人感觉生活灰暗，没有阳光。然而真正的生活却并非只有令人感到沮丧、灰暗的一面，它还有欢乐、幸福和丰富多彩的一面，还有很多令人感到温暖与治愈的瞬间。发现生活就是要让大学生去亲身实践，让他们去寻找、体会和感受生活中的积极、美好，让人感受温暖和幸福的一面。通过这一个实践环节，让更多的大学生学会换一个角度去看待生活、看待社会、看待国家，建立积极正向的思维，建立对社会主义核心价值观的认同，并能在生活中真正践行社会主义核心价值观，积极传递正能量。

1. 设计思路

《思想道德与法治》的《明确价值要求，践行价值准则》是理论性比较强的一章，如果思政课教师单纯以理论讲授的方式进行教学，很可能会让学生感到枯燥乏味，但实际上这一章又是《思想道德与法治》中最重要的一章。在校外实践教学环节设计发现生活，就是要引导大学生从自己的生活中或者实习单位中发现真善美，发现积极且富有正能量的人和事，引导大学生在这个价值多元且时有冲突的社会中，寻找和发现能够凝聚大众思想、整合大众力量的价值观，努力成为践行和弘扬社会主义核心价值观最积极、最活跃、最充分的青年先进代表，为社会的和谐、繁荣贡献自己的一份力量。

（1）主题确定

活动的主题是整个实践活动的方向和指引，因此确定主题是首要环节。发现生活是思政课校外实践教学环节的某一个环节的总称，需要进一步加以明确，为学生的校外实践提供更为具体的指引。

确定主题为"发现生活——践行社会主义核心价值观之典范"，明确指出大学生要发现的是社会主义核心价值观的践行典范，应该是积极正向的，是对人们有示范和指引作用的人和事。

（2）实践目的

通过在现实生活中观察与寻找，发现社会主义核心价值观的积极践行者。分析这些社会主义核心价值观的践行典范所处的环境背景、所作出的事迹，以及践行者所具有的宝贵品质，进而对照自己，发现自身存在的不足，严格要求自我，努力提升自我，向先进看齐，向榜样学习，认真学习和理解社会主义核心价值观的基本内容，并自觉践行社会主义核心价值观，做新时代合格的大学生。

（3）任务要求

①必须从自己生活的现实环境中去寻找和发现社会主义核心价值观的践行典范，个人或者集体均可；

②认真观察并记录社会主义核心价值观践行典范的思想、行为与优秀事迹；

③在寻找和观察过程中必须保存相关的图片或视频资料；

④对照自身，分析自己对于社会主义核心价值观的认识是否到位，自己在践行社会主义核心价值观的过程中存在哪些不足；

⑤思考并规划自己在未来应该如何更好地践行社会主义核心价值观。

（4）具体实施

①×月×日，发布本期"发现生活"的主题及任务要求；

②×月×日—×月×（20天），学生去观察和发现典范，并认真记录其思想、行为与事迹；

③×月×日—×月×日（5天），学生对照自身，分析并发现自己的不足；

④×月×日—×月×（5天），制订未来践行社会主义核心价值观的计划并提交。

（5）成绩评定

指导教师根据学生的观察记录、典范资料、自身规划三者的完成质量，来进行学生校外实践的成绩评定。

2. 注意事项

在发现生活中的社会主义核心价值观的践行典范这一实践活动中，大学生应该以发现者、记录者、学习者和践行者的身份或者角色，去完成这一实践任务，发现和记录的目的是更好地学习和践行社会主义核心价值观的基本要求，而非仅仅为了记录，这一点是大学生必须明确和注意的。

此外，生活中有很多榜样人物值得我们学习，他们往往是自力更生、坚韧不拔、艰苦卓绝奋斗在某个领域的普通人，他们有很多值得我们学习的地方，同时也有很多不为人知的苦楚、孤寂与辛酸。这就需要学生在近距离接触这些"最可爱的人"时要注意自己的交流、沟通的方式方法，要保护好他们的"伤口"，不要因为自己实践过程中的访谈和交流而又一次伤害到他们。

社会主义核心价值观是一个有机的整体，从个人到社会到国家，被发现和记录的生活中的优秀践行者虽然只是个体，但是从个体身上，我们能够感受或想象到无数个这样的个体所组成的社会、国家将会是怎样的。因此，虽然本期"发现生活——践行社会主义核心价值观之典范"主角多为个体，但是，每个人都应该时刻意识到社会主义核心价值观是一个有机的整体，个人、社会、国家三个层次之间并不是割裂的，而是有机结合在一起的，大学生应该具有全局意识，把个体的践行与国家、社会整体层面的要求、标准紧密结合起来，在整体思维的指导下看待和践行社会主义核心价值观。

3. 总结思考

发现生活是一个让大学生贴近生活、观察生活、记录生活，进而学习优秀的人和事的实践教学环节，因其实践性符合当代大学生乐于探索实践的特点，所以在一定程度上能够把学生从游戏中"解救"出来，让他们从虚拟的世界走出来，去观察和了解真实的世界，去发现真实世界中令人敬仰和感动的人和事。这是发现生活这一实践教学环节最为重要的一点；也是其值得长期持续开展下去的重要原因。

发现生活这一实践教学环节的设置，不仅让社会主义核心价值观进入当代大学生的头脑里、融入他们的行为中，而且还让思政课程当中的世界观、人生观、价值观、中国精神、优秀传统道德、法律意识等通过更接地气的方式进入学生的头脑中，让他们发自内心地、主动地去认同榜样的思想，主动地去学习榜样的行为，最终达到提升自我的目的。

思政课教师作为学生校外实践的指导教师，应该站在更高的角度去看待校外实践及其对于学生的意义，而不是局限于某个限定的主题，只要学生能够经由生活实践有自己对人、对事的认识，自身能力得到提升，实践教学的目的就达到了。

五、公益活动

（一）介绍

日行一善，每天做一些力所能及的事情去帮助他人，让社会变得更加和谐美好，这是古人对于自己的基本要求。虽然古代没有"公益"一词，但是公益的理念和践行公益的行为自古有之，只是囿于时代背景，公益行为仅仅在那些有能力的人群当中流行。受当时封建制度的束缚，社会生产力水平较低，人们的整体生活质量不高，大部分人也只能是勉强度日，参加公益活动的能力也比较有限。现代社会，随着物质生活水平不断提高，人们对于精神生活的要求也日益提升。要满足人们的精神需求，除了参加各类文化体育活动之外，还需要诸多能够体现自我社会价值的公益活动。参加公益活动有助于现代人施展自己的才能，奉献自己的爱心，为有需要的人、为社会贡献自己的一份力量，促进社会的和谐。

具体来说，公益活动就是思政课教师鼓励大学生关注社会中各类群体的生活境遇，关心社会发展，积极参与社会活动，充分发挥自身的专业知识与技能，为社会上有需要的人群和组织贡献自己的一份力量，进而在参与公益活动的过程中对社会有一个更为全面地、深入的认识。现代社会公益活动的范围已经非常广泛，涵盖社会生活各个方面，大学生参与公益有充分的选择空间，可以充分发挥自己的专业所长，真正选择社会所需且自己感兴趣、有能力胜任的公益活动。如法制宣传、环保知识普及、灾害预防与救助、爱心慰问与捐赠等公益活动。参与公益对于大学生来说本身就是一种体验和历练，公益活动的对象各不相同，公益活动的内容也各不相同，大学生在参与的过程中本身也在体验不一样的生活，他们突破了自己既有的生活，对生活的其他方面有了自己的认识和体会，对"象牙塔"之外的世界有了比较直接的接触和更为深入的认识和体会。加之现代社会通信技术发展迅速，自媒体发达，大学生有了更多参与公益的途径，既可以在线下参与公益活动，也可以在线上参与网络公益活动，如公益歌曲的征集、通过网络发起对某些困难人群的帮助等。由此可见，公益活动让大学生有了新的生活体验和感悟，这些是思政课堂上仅仅通过课堂讲授难以达到的效果。由此可见，公益活动是一种非常值得提倡的校外实践教学形式。

（二）教学设计

公益，是公共利益事业的简称，有关社会公众的福祉和利益，公益活动是公民参与精神的重要表征，也是增加公众社会福祉的重要途径。在组织公益活动时，既要遵循公德、符合公众的意愿，更要营造一种全民参与的良好氛围。当今时代交通、通信十分发达，大学生参与公益活动的媒介和平台也非常多，参加公益活动也有非常多的选择。既可以选择参与的方式，如线上或线下；也可以选择帮助的对象，如孤寡老人、残障人士等；还可以选择自己参与的途径，如学校组织或个体参与。无论是参加哪种形式的公益活动，都应该始终牢记"公益"二字的含义，坚持用最实在的行动诠释公益精神，让更多的人感受到公益的力量，从而让他们加入公益活动中，在全社会营造一种全民热心公益、积极参与公益、持续弘扬公益精神的良好氛围。

1. 设计思路

作为思政课实践教学的重要方式之一，公益活动历来都非常受大学生的欢迎。

学生走出校园，走入社会，在帮助他人、启发公众的同时升华自我，公益活动集学习、实践于一体，是一种有助于大学生历练、成长的活动。大学生可以参与的公益活动有很多，形式也是多种多样，可结合《思想道德与法治》第六章《学习法治思想，提升法治素养》的相关内容来设计公益活动。公益活动的主题与内容应该紧紧围绕第六章展开，在当前我国全面推进依法治国，加快建设社会主义法治国家的背景之下，开展有关法律的公益活动，既有助于促进学生对课堂所学有关法律素养与法律基础知识的理解，也有助于激发学生学习的动力，用自己课堂所学的知识去服务公众，服务有需要的人，通过自己的行动与努力来唤醒或提升公众的法律意识，推动中国法治化的进程。

（1）主题确定

公益活动是面向公众开展的活动，因其公益的性质，辐射面越广，影响到的人就越多，受益的人数也越多，公益活动的意义和公益精神才越能得到彰显。因此，公益活动不但要有一个具有感召力的主题，而且要有一个响亮的、让人印象深刻的口号，以便更好地宣传此次公益活动，让更多的人知晓此次公益活动，进而有意愿加入公益的队伍当中来。

活动主题：深入开展法治宣传教育，全面推进法治建设。

活动口号：共筑中国梦，同铸法治魂。

（2）实践目的

大学生深入基层进行法治宣传教育，一方面让更多的人知法、懂法、守法、用法，唤醒公众的法治意识，提升公众的法治素养，推动我国的法治化进程；另一方面以此活动为契机，让学生了解当前我国推进依法治国所面临的基本国情，激发学生学习"思想道德与法治"第六章内容的动力与热情，让学生有学习的紧迫感和责任感。只有自己真正理解了、掌握了第六章法律的基础知识，才能有底气去对公众进行法治方面的宣传与教育工作。

（3）任务要求

①以班级为单位开展法治宣传教育活动；

②班级之内分为若干个小组，每个小组负责不同的法治宣传内容，小组内部分工明确，有学生负责法治宣传内容的整理，有学生负责宣传版面的设计，有学

生负责发放宣传品，有学生负责现场法律知识讲解；

③认真进行宣传教育活动，并记录自己每天进行宣教的过程与效果；

④保存活动期间的相关资料与照片；

⑤活动结束后，以小组为单位进行宣教活动情况汇报。一方面汇报本小组的法制宣教具体情况，一方面分享本小组成员在参加公益活动过程中的体会与收获。

（4）具体实施

① × 月 × 日，发布本次公益活动的主题及任务要求；

② × 月 × 日—× 月 × 日，学生深入基层社区进行法治宣传教育活动；

③ × 月 × 日，小组汇报宣教活动的情况与体会收获。

（5）成绩评定

指导教师根据学生的出勤情况、宣教现场表现及小组汇报的内容三个方面的完成质量，来进行参加公益活动这一校外实践环节的成绩评定。

2. 注意事项

随着时代的发展，大学生参与公益活动的方式、内容和对象越来越多样化，但是不管方式、内容如何变化，公益活动的服务对象除了一般公众，更为主要的是各类"困难群体"。所谓"困难群体"，不只是传统意义上的经济贫困人群、孤寡老人、残障人士，还包括经济上并不困难但在精神方面、社会关系方面陷入困境的人。这些身处困境，需要被关注和帮助的人群，也是一个极其脆弱的群体。公益活动是为了增加公众福祉、保护公众利益而开展的活动，因此，一定要保护好这类困难群体的利益与隐私，不能伤害他们。

公益活动是一个展示当代大学生社会责任与精神风貌的窗口与平台，在参与公益活动的过程中，学生一定要注意自身的言行举止，不能做出有损学生形象的事情，要时刻牢记自己参加此次活动的目的是为公众服务，在遇到突发事件时应该展现大学生积极向上、有责任有担当的精神面貌。

作为思政课校外实践教学的环节之一，公益活动是有组织的集体活动，学生参与集体活动就应该严格遵守活动的纪律要求，遵从公益服务的宗旨，按照学校和公益活动主办方的基本要求行事，不得私自行动，或者做出有违公益伦理的事情。

3. 总结思考

大学生参加公益活动，其目的就在于通过接触公众、了解公众、体会民情、感悟民生，进而陶冶自身情操，启迪自身智慧。因此，公益活动最为重要的两点就在于——公益活动过程中学生的行为表现和公益活动后学生的感悟与体会。作为实践教学方式之一，学校或者思政课教师对于学生具体参加公益的实践过程要求非常严格：一方面是为了确保师生与服务对象的安全，另一方面是为了确保公益服务的质量。教师往往对参加公益服务之后大学生的心理感受与体会不够重视，这一点需要特别注意。

个别大学生在参加完公益活动后，会有一种失落和沮丧的感觉，同时还有一种深深的无力感，感到自己对于改变"困难群体"现状力量的微小。这时候就特别需要思政课教师对其进行合理、理性的引导，引导学生摆脱负面思想，尽自己最大的力量去帮助别人。

第三章 高校思政课程实践教学的实施保障与评价

思政课程实践教学，旨在帮助学生学会做人和树立自身正确的社会化认知，使大学生形成正确的世界观、人生观和价值观，增强教学的实效性，提高思政课的教学质量。本章共三节，分别探析高校思政课程实践教学的保障机制、高校思政课程实践教学体系的构建，以及高校思政课程实践教学模式的评价。

第一节 高校思政课程实践教学的保障机制

一、高校思政课程实践教学的组织保障

完善的组织管理体系是开展思政课程实践教学的有力保障。高校思政课程实践教学，要坚持立德树人观，树立开放式实践教学理念。

（一）构建协调高效的组织领导机制

开展实践教学，必须有周密的计划和严密的组织，必须有学校领导的重视、教务部门的支持以及地方政府的协助。如果这些问题不能得到周密考虑和妥善解决，实践教学活动就难以正常开展。

在高校的部分教师中存在一种错误认识，他们认为思政课程实践教学费时、费钱而无实用价值，将轻视乃至忽视思政课程实践教学作为一种"理性"的选择，从而导致实践教学保障条件的缺失和不完善，影响思政课程实践教学的顺利开展。为争取实践教学的保障条件，需要激发重视实践教学的观念。这种观念有时是自

上而下的，有时也是自下而上的，一方面源于上级部门的压力和学校领导的重视程度；另一方面也源于思政课程实践教学的良好效果，吸引学校投入更多的资源。对实践教学的管理者和组织者而言，实现"以保障条件促成效，以成效促保障条件的改善"的良性循环，从而形成比较健全的教学保障机制。

高校应按照"05方案"的要求，建立由相关部门负责同志参加的思政课教学指导委员会。建立实践教学管理联席会议制度，由学校主管领导牵头，每学期末召开由思想政治理论课教学部、教务处、学生处、人事处、团委、宣传部、财务处以及相关二级学院领导参加的专题会议，讨论和部署思政课程实践教学的相关工作。

在思政课教学中，采用实践教学的方式，是改变当前思政课教学中学生不愿意听、不愿意学、实效性差等尴尬局面的一个新举措，它是一项复杂而庞大的工程，仅靠思政课教师以及教学部门的努力是不可能做到的。以前一些高校也把思政课分为课堂教学和实践教学两部分，但由于学校领导与一些职能部门的不重视和不配合，这些所谓的实践课程也就成了摆设，根本没有实施。因此，要真正实施实践教学法，就必须建立强有力的领导与管理机制。

有的高校思政教学没有或者很少开展实践教学活动，根本原因就在于没有完善的领导组织机构。要对思政课程实践教学作出统一安排，即时间安排、教师的安排和分工以及后勤保障等。这样才能确保实践教学活动有条不紊地进行。

有条件的高校可以成立专门的思政课程实践教学指导委员会，负责思政课程实践教学的实施。其中的委员会主任由主管思政课教学的学校领导担任，主要成员包括党委宣传部、教务处、学工处、团委、后勤处、财务处等部门以及思政课教学部的主要领导，形成由学校主要领导统一负责，教务处、学工处、校团委和思政课教学部门等分工负责的领导与管理体制。这就使各方面力量整合起来，形成合力，为思政课程实践教学的顺利开展提供强有力的组织保障。

（二）各职能部门分工明确、相互配合

高校实施思政课实践教学的成效离不开科学的领导和组织，离不开学校及各有关部门党政领导的重视和支持。职能部门分工明确，各负其责，这一点非常重要。要将思想政治理论课实践教学纳入学校思想政治理论教育的工作体系，使之成为高校德育工作体系的有机组成部分,从教学管理制度上保障思想政治理论课实践教学有条不紊地进行。

1. 领导机构

建立健全思政课实践教学组织管理形式,建立从学校到二级学院、系部到教研室的领导体制。由校领导分管此项工作,负责各部门之间的工作协调,负责为实践教学活动提供领导支持、政策支撑和物质支援,提供最坚强的后盾。学校思政课教学领导小组为思政课实践教学的领导机构,成员应有党委宣传部、团委、学生处、教务处、财务处、后勤处、思政课教学部、二级学院、系部。领导小组负责制定"思政课实践教学实施办法",对思政课实践教学的组织实施方法、内容与组织形式、实践成果、成绩评定、思政课教师的职责、经费支出、后勤服务等作出明确规定,提供可操作的制度依据,并做好组织、指导以及部门之间的协调工作,还要做好督办、奖励与惩处工作,使这项工作真正落到实处。

2. 实施部门

(1) 二级学院、系部

二级学院、系部直接管理学生,是思政课程实践教学的具体领导者。应由一名领导负责与学校领导及其他部门的协调工作,负责对外实践活动基地的选择和联络,负责对所属院系思政课实践教学工作进行督促、指导和协调,具体工作则由思政课教师去落实,如负责对实践教学活动的具体组织以及安排、在实践活动结束后及时进行总结与评价等。

(2) 教务处

教务处为思政课实践教学的职能管理部门,负责审批思政课实践教学计划,联系建设思政课实践教学基地,制定思政课教师实践教学工作量计算办法,下达思政课实践教学的经费指标,检查、督导、协调全校的思政课实践教学活动。

(3) 思政课教学部(或马克思主义学院)

思政课教学部负责全校思政课实践教学的总体规划,思政课教学部相关教研室,负责实践教学活动主题的确定、思政课教学部专职教师对二级学院、系部思政课实践教学进行具体指导、监督与检查。对二级学院、系部实践教学进行规范、考核、评价。思政课社会实践活动的形式和内容很多,可根据各高校的实际情况,选择切实可行的内容和形式。这样就可以做到分工明确、层层落实。

3. 配合部门

（1）团委、学生处

团委、学生处在组织大学生社会实践、第二课堂活动和青年志愿者活动时，要与思政课教学部积极配合、协调关系、通盘考虑，使思政课程实践教学活动顺利进行。

（2）党委宣传部

党委宣传部为思政课实践教学的指导、协调部门，对思政课实践教学的原则、内容、形式进行把关，并提供宣传资料支持。

（3）财务处

财务处要在财务预算中单独列出一块来，专门用作思政课实践教学费用的支出，以保证这项工作的必要开支和正常进行。有了经费，实践教学才能真正落实。

（4）后勤服务部门

后勤服务部门要在医疗、交通、车辆等方面给予支持，食堂要保障食品卫生的安全，保卫处也要就思政课社会实践期间师生的安全保障方面给予配合。

二、高校思政课实践教学的师资保障

在高校思政课实践教学中培养一支高素质的实践教学与管理团队，是实践的教学建设与改革成功的关键。高校要重视思政课实践教学队伍的建设，制定相关政策，采取多项措施，加快实践教学队伍的建设步伐，形成一支学历、职称、年龄、专业等结构较为合理，教学、科研、管理融为一体的实力较强的实践教学师资队伍。

（一）建立一支"教辅结合"的思政课实践教学教师队伍

目前，思政课实践教学存在诸多问题，解决当前思政课实践教学中存在的教育思想、教学方法和教学质量问题，归根结底，是要大力加强思政课实践教学师资队伍建设，以"大思政"的眼光重新审视思政课实践教学教师队伍的建设。

实践教学是高校思想政治理论课教学的重要组成部分，是课堂教学的延伸和补充。然而，实践教学也是高校思想政治理论课教学的难点。高校思政课教师和学生的比例严重失调，教师偏少在学校是一种普遍现象。学校领导要从学校和学生发展大局出发，按照教育部文件，尽量按师生比例配备好思政课教师，没有数量充足的思政课教师队伍，思政课实践教学就无从谈起。思政课实践教学是一项系统工程，要建立一支由党政干部和共青团干部、思政课教师为主体，辅导员、学生政工干部、专业课教师、社会各界有关人士广泛参与的社会实践课程师资队伍。

一些高校让辅导员担任思政课程实践教学的指导教师，走出了一条思政课教师与辅导员两支队伍相互配合、课堂教学与实践教学同进并互补，特色鲜明的思政课教学改革之路，在实践教学方面取得了新进展。高校辅导员在思政课程实践教学方面，有更了解学生、组织管理能力更强等优势，这有助于提高思政课实践教学的针对性和全员性。辅导员担任思政课程实践教学指导教师，无论是在提升思政课教学的实效性，还是在推进辅导员队伍发展方面都产生了积极作用。建立一支"教辅结合"的思政课实践教学教师队伍，是提高思政课实践教学质量、推进思政课实践教学健康发展的有效途径。

（二）高校辅导员承担思政课实践教学的优势

高校辅导员队伍是一支力量强大的队伍，它是教学与学生之间联系的纽带，负责学生的日常生活与思想工作，与学生走得最近。因此，在进行思想政治理论课实践教学的时候可以充分地挖掘这支队伍的力量，把思政课实践教学同辅导员对学生的日常思想工作结合起来，利用班级的班会、团员活动以及义务劳动来进行实践教学。在进行校外参观考察的时候，也可以邀请辅导员一起进行，这在很大程度上改变了师资力量不足的现状，同时也有利于提高高校辅导员的政治理论水平。充分发挥思政课教师队伍与辅导员队伍结合的优势。教务部负责协调教师力量，组织相关课程教学，并为社会实践提供智力支持；校团委联合各二级学院辅导员，负责相关组织保障管理工作，整体上形成从校级思政课教学领导小组到二级学院工作组、实践团队负责人，从决策到实施，从教师积极指导到学生自主参与的组织管理系统。在高校，承担思政课程实践教学的队伍主要有两支：一是思政课教师队伍；二是辅导员队伍。因为辅导员本身就是思想政治教育队伍中重要的一支队伍。辅导员作为思政课程实践教学的指导教师，除了他们与思政课教师一样都具有政治素质过硬的特点外，还具有以下优势：

1. 辅导员比思政课教师更了解学生

思想政治理论课教学改革的实践表明，了解学生思想动态、发展脉搏，并在此基础上突出思想政治教育的针对性，是确保思想政治理论课实效性的前提。思政课教师属于思想政治理论课教学单位，除授课外，平时与学生一般没有接触机会。特别是很多高校迁往了大学城，思政课教师多住在远离学校的地方，更是阻隔了他们与学生接触、了解的通道。而辅导员是大学生思想政治教育的骨干力量，是学生生活的管理者、活动的组织者、思想的引导者，全天候和学生在一起，是高校中与学生联系最紧密的教师队伍。这也使他们最有条件与学生成为朋友，获得学生思想变化的第一手资料，成为最能及时把握学生思想变化的教师。这些无疑都利于他们开展更富有针对性的实践教学。

2. 辅导员有较强的组织管理能力

辅导员比思政课教师有更强的发动学生参与实践教学的组织管理能力和条件。思政课教师组织实践教学常遇到两个难题：一是虽然具有较高的理论素养，但一些人组织学生参加实践教学的能力不强；二是平时与学生接触少。在学生积极性不高的情况下，组织实践教学较困难，且难以保证较高的出勤率。与思政课教师相比，虽然辅导员的理论水平相对较低，但思政课教师的短板恰是他们的长处，即组织管理学生活动的能力更强。辅导员与学生接触多，有助于在更大程度上保证学生的全员参与，并提高学生在实践教学中的出勤率。

3. 辅导员队伍整体素质

与思政课教师相比较，辅导员这支队伍更年轻，精力更旺盛，文化素质较高，很多都具有教师资质，可缓解思政课教师数量不足、向实践教学投入精力不够的问题。思政课教师师资短缺，是很多高校的突出问题。"05方案"要求本专科思想政治理论课专任教师要总体上按不低于1∶350～1∶400的比例配备。

（三）高校辅导员承担思政课程实践教学的积极效果

1. 有助于保证思政课程教学的整体性

辅导员担任思政课程实践教学的指导教师，不仅有助于突破辅导员与思政课教师间缺乏横向联系的难题，从"两股劲"变成一个整体，还有助于突破思政课程实践教学难以保证全员性的难题，真正达到实践教学服务课堂教学的目的，从而提高思政课的整体水平。在思政课教师的指导与配合下，辅导员承担主要的实践教学，使实践教学与课堂教学实现"同目标、同内容、同进度、同考试"。

（1）同目标

即实践教学与课堂教学在每门思想政治理论课及在各教学单元层面上都要服务于共同的教学目的，并共同解决学生的主要思想问题。

（2）同内容

强调的是实践教学不能偏离课堂教学的重大理论观点和要解决的学生的主要理论困惑。除了思政课教师在课堂教学中重点讲授该问题外，还要求辅导员在组织实践教学时，要围绕这一困惑问题开展教学实践活动，以期深化学生的认识、破解思想困惑。

（3）同进度

即要求在教学单元层面，实践教学与课堂教学大体上同步，进度不能快于课堂教学，也不能落后太多，稍晚于课堂教学1～2周为宜。

（4）同考试

即实践教学成绩作为学生思政课考试成绩的基本组成部分，占总成绩的30%～40%。

2. 有助于提高辅导员素质

从总体上说，工作在学生思政教育一线的辅导员队伍政治强、业务精、作风正、德才兼备，热爱思政教育事业，但也存在政治思想水平和业务素质有待提高的问题。辅导员通过担任思政课程实践教学的指导教师，有助于推动自身加强理论学习，提高马克思主义理论水平。

组织好实践教学，既需要较强的组织活动能力，还需要具有较高的马克思主义理论水平。在实践教学中，辅导员要认真钻研思政课教材，分析思政课的教学重点、难点，了解学生思想上存在的主要问题，关注对学生有较大影响的社会思潮并研究、把握其内容、性质等，还要做好实践教学设计，以推动学生对重要理论的认知、认同和转化。同时，在实践教学中，辅导员还可在与思政课教师的相互协作过程中，得到思政课教师的辅导和帮助。这些实际上都是辅导员不断加强理论修养、提升政治素质的学习机会。

3. 有助于增强辅导员的归属感

辅导员承担思政课实践教学，有助于辅导员在职务或职称上得到提升，增强归属感。辅导员在待遇、职称等方面与同龄专业的教师相比，存在一定差距。少数辅导员可能会产生心理落差，从而影响工作积极性，导致辅导员归属感减弱、队伍不稳定。辅导员借助担任思政课程实践教学指导教师的机会，能够不断提高马克思主义理论水平，提高组织管理能力，增强开展学生思政教育的实效性，为自己积累更丰富的经验，创造更优秀的工作业绩，这些都有助于辅导员在职务上获得提拔，对提高辅导员待遇、稳定辅导员队伍有重要意义。在职称评定中，辅导员常面对两个重要的制约因素：一是课时不足；二是科研成果数量不足，级别不够。辅导员通过担任思政课程实践教学的指导教师，不仅可以解决课时不足的问题，更重要的是他们通过对思政课实践教学内涵、规律、机制以及遇到的种种问题的深入思考，能发现很多科研选题，有助于辅导员争取获得科研课题的资助，产生较多高质量科研成果，从而在评定职称中提高竞争力。

4. 有利于稳定辅导员队伍

辅导员队伍具有高流动性，常常是没过几年就换一批人。与此同时，有的高校为辅导员提供的思政课课程总量不能满足辅导员队伍的上课需求，存在辅导员"轮流上课"的现象，这加剧了辅导员队伍的不稳定。而思政课程实践教学是以辅导员所带班级为授课对象，具有普遍性，不但计算课时，也与思政课教师一样计算课酬。在高校教师收入构成中，课时费是重要组成部分，但辅导员以往较少有获得课时费的机会。通过担任思政课程实践教学的指导教师，辅导员可以获得一定数量的课时费，帮助他们缩小与同龄专业教师之间的收入差距，通过改善辅导员待遇、提高收入水平来稳定辅导员队伍，也为高校思政教育的可持续发展创造条件。

三、高校思政课程实践教学的其他保障

（一）高校设置"思想政治理论社会实践"课

设置"思想政治理论社会实践"课，确保其必修课的课程地位。思想政治理论课实践教学的教学目标与教学方式都必须适应或不超越大学教育规律，教育体

制本身的教育功能必然是在规范的教育功能实现基础上才能得以实现。由此，从课程的角度来开展思政课程实践教学，才能不被边缘化，才能发挥其育人功能。

高校主要有两种组织管理方式：一种是将实践教学的任务和课时分解到具体的课程中，以课程为单位开展实践教学活动；另一种是将实践教学任务和课时单列出来，由专门的教研室来负责组织实施。从教学管理的角度来看，单独设置实践教学课，更有利于发挥实践教学的整体功能，提高教学效率。同时，单独设置实践教学课能够凸显其课程地位，提高教学的组织效率，便于整合校内外的教学资源。由此，比较好的做法是把每一门思想政治理论课的实践学时统一起来，单独开设"思想政治理论社会实践"课，按照必修课的标准实行规范化管理。教务处将其作为必修课，排进每学年下学期的课程表，下达教学任务，规范教学要求，健全教学制度，这样就能在一定程度上避免实践教学的随意性，从而实现实践教学的长效化和规范化。

（二）高校思政课程实践教学的课时保障

高校要明确思政课程实践教学的学时与学分。传统的教学管理只注重对理论教学的管理，对实践教学的管理则很容易被忽视，其中主要原因是学校的教务管理部门没有明确理论教学与实践教学的学时与学分。因此，要创新思政课程的实践教学管理，就要明确实践教学的具体学时与学分。

在充分调研的基础上，明确"思想道德修养与法律基础""毛泽东思想和中国特色社会主义理论体系概论"等思想政治理论课程理论教学和实践教学的学时与学分的分配比例，更加注重实践教学环节，适当提高实践教学的比重，构建比较合理的思政课学时与学分体系。

禁止将思政课程的实践教学学时与学分和理论课所要求的社会调查学时与学分混淆。这是两个不同的概念，前者是实践教学所需要的，并纳入专业课教学范畴的独立课程；后者是进行思想政治教育的手段与方法。

思政课程实践教学的学时与学分要纳入思想政治理论整体的学时与学分，而且各门具体课程的实践教学学时与学分要切实落实经费保障制度。

（三）高校思政课程实践教学的考核保障

高校思政课程实践教学的考核评价，是根据思政课程实践教学目的和要求，对思政课程实践教学的过程和效果进行评价。为避免把实践教学活动变成走马观花的游玩,保证实践教学活动的质量和效果,必须制定一套完善的、适合高校的管理制度和考核办法。在实践教学活动开始,就必须制订完整详细的实践教学活动计划,明确目标和任务,要有合理的实践过程安排以及有针对性的内容等。教师在实践过程中要对学生进行及时有效的指导,把计划中的目标和任务具体落实,使得整个过程按照预定方案进行,并保证取得预期效果。实践活动结束后要进行客观的总结和评价。许多高校在考评方面没有形成规范的考评体系,考察指标单一,把学生完成的实践报告作为唯一的考评依据,缺乏对学生在实践过程中的整体表现的考查。实践教学的考评要反映学生思想政治素质提高的过程,反映思政课程实践教学的规律,要考查学生分析问题和辨别是非的能力等。

为便于考评,思政课教师要注意实践教学的可操作性,尽量量化考评指标,制定考评标准。教师要对实践教学进行及时总结,形成实践报告,总结本次实践教学活动的成功之处与不足之处,提出改进的意见。因此,考评不仅要针对学生,教师也要接受考评。考评教师的教学计划是否科学,教学组织是否到位,教学效果是否明显;考评学生在实践活动中是否发挥了主观能动性,考评学生总结或体会的写作情况及水平。总的来说,对学生的考评要坚持过程与结果、知与行、动态评价和静态评价、教师评价和学生自评相结合的原则。在对学生的综合考评中,应加大实践成绩和学分的比重,形成规范、合理、客观、系统、多元的实践教学考评体系,促使教师认真教学,学生认真参加实践,确保思政课程的实践教学深入持久地开展下去。

思政课程实践教学的考核评价遵循的原则如下。

1. 客观性原则

评价标准只有客观公正,才能调动教师和学生的积极性、主动性。要从高校实际出发,定量分析和定性分析相结合,排除人为因素干扰,尽量做到客观、公正和实事求是。

2. 实效性原则

在评价过程中,要力避形式主义,注重实际效果。主要看学生的认同度和参与度、学生思想认识的提高程度。效果评价不仅要看做了什么,还要看这些做法是否达到了教学目的。

3.可行性原则

主要是评价指标要从高校思政课程实践教学工作实际出发，要简便易行，真正使评价对高校思政课程实践教学起到推动与促进作用。

（四）高校思政课程实践的经费保障

教育部和各省教育主管部门都对思政课教学及实践教学活动的经费有一定数额的规定，现在最主要的是确保这项经费落实到位。有了经费保障，才能保障思政课教师的科研及社会考察活动，为思政课教学及实践教学活动提供生动、丰富的专题资料和典型实例；才能有利于思政课实践教学的基地建设，有利于学生积极参加实践教学活动。

高校思政课程实践教学的经费，主要用于组织学生参观考察费用、社会实践联系费用、教师带队差旅费、实践教学研究项目或成果的制作出版费用、教学实践基地费用、思政社团活动经费以及教师社会实践费用等方面。可以看出，实践教学不同于课堂理论教学，足额的经费投入是开展实践教学活动的重要基础，没有相应的经费作基础，实践教学活动很难顺利开展。近几年，中央和各省市自治区下发了不少关于加强思政课的文件，其中有些规定是量化的指标。在思政课专项评估中，也有关于经费的具体量化指标。可以说，从政策层面来看经费是有保障的。在经费的使用上，学校必须明确规定此项经费专款专用、不得挪用，并严格按照学校的财务制度和审批程序来进行，以确保学校的经费投入能够落实到实践教学活动上，为实践教学活动提供坚实的物质保证和稳定的经济基础。

从教学管理的角度来看，要让实践教学经费落到实处，需要树立以下三个意识。①大局意识。既包括学校领导对思政课程实践教学地位的高度重视，也包括思政课教学部从学校人才培养的大局出发，积极提升实践教学的效果，促使学校领导注重这方面的教学活动。②多渠道筹措的意识。学校专项拨款是思政课程实践教学经费的最重要来源，此外，也可以通过其他方式与有关企事业单位、实践教学基地，本着"互利互惠"的原则筹措经费，以弥补专项经费的不足。③效益意识。思政课程实践教学的经费来之不易，要保证专款专用，把有限的经费用在刀刃上，发挥经费的最大效益。

第二节　高校思政课程实践教学体系的构建

一、高校思政课程实践教学体系构建的基本内容

（一）高校思政课程实践教学思想体系的建设

高校思政课程实践教学的思想体系包括对思政课程实践教学的目标价值、指导思想、基本原则的认识定位，它具有丰富而深刻的思想内涵。

实践教学不是为了完成实践教学而进行实践教学，而是与理论教学乃至整个"大思政"的价值目标一致的，即提高大学生的思想道德水平、政治理论素养和创新能力，培养较高的思想政治素质和较强的职业素质的合格人才，与当前高校教学的整体需求和终极目标是契合的。

实践教学是促使大学生从"知"到"行"的转变，在实践中激发学生学习理论、运用理论和创新理论的积极性和主动性，实践教学不是理论教学的补充，而是与理论教学共同构成思想政治教育的内容，是综合评价大学生思政教育的完备性、科学性和实效性的重要指标。

实践教学不是、更不能停留在实践操作的层面，它需要在实践中运用理论并丰富和发展理论，因此，实践教学的思想体系与理论教学的思想体系一脉相承，共同服务于大学生的思想政治教育。

因此，从教育主管部门到学校，再到每一位老师、学生都需要认识到实践教学的思想性，重视并积极落实实践教学工作，将实践教学的思想性贯穿实践教学的始终。

（二）高校思政课程实践教学资源体系的建设

为了确保高校思政课程实践教学得以顺利进行，需要构建一套完备的实践教学体系，为此，必须确保完备的教学硬件资源和软件资源的供应，从而使得这些硬件资源和软件资源共同服务于实践教学体系。

一个与思政课特性相匹配的实践教学体系，其前置条件必须是构建一个与之匹配的实践教学管理机制。该管理机制具有以下几个特点。其一，层次化的组

织管理方式。在高校中，思政课程的实践教学管理采用了学校和学院两个层级分离的管理结构。具体的管理办法和措施由学校负责制定，而二级学院则专门组织与施行实践教学。其二，教学制度的管理。现阶段，绝大多数的大学生都需要根据他们的专业教学计划来安排课程，而将思政课程实践教学与学生的专业进行衔接，让思政课走进学生的专业，实现思政课"与专业同向同行"，将"思政课程"打造为"课程思政"，激发大学生的创新能力，并进一步完善实践教学的各种制度。其三，对运行进行评价和管理。我们需要建立一个涵盖实践教学资源的共享和有效利用机制，以确保这些实践教学资源能够被充分利用，从而顺利开展实践教学。另外，我们需要建立反馈机制，以确保能够获得全面且详细地关于实践教学的每一个环节的评价信息，从而进一步提高实践教学的质量。对于思政课而言，实践教学的全员覆盖是一大难题，怎样使有限的实践教学资源惠及全部大学生，这是思政课程实践教学一直探索的目标。因此，要丰富实践教学资源，扩大实践教学对象，让思政课程实践教学成为每一个大学生都能有效参与的常态化课程。

高素质的思政课程实践教学的师资队伍是实践教学体系构建的质量保障。教师作为思政课改革的实践者，不仅需要全情投入的奉献，更需要破釜沉舟的毅力，在教学理念、模式和实效上用创新激发思政课程实践教学的新活力。

近年来，为提高实践教学的效果，建立实践教学的长效机制，实践教学人员在教学活动中从"主体"走向了"主导"。学生要想获得良好的实践技能和创新能力的培养效果，就需要确保实践教师团队有着较高的素质水平。为了保证新的实践教学体系的各项需求能够得到满足，就需要进一步强化思政课程实践教学师资队伍建设。思政课教师既需要有理论的基础，又要有实践的经验。所以高校必须重视"双师型"实践教学师资队伍的建设。通过多样化的培训，确保教师能够熟练掌握各种理论知识，提高实践教学能力，将深奥的政治理论与当前的政治实际相结合，才能更好地带领和指导学生开展实践教学工作。

相较于传统课堂教学中的师生关系，教师与学生在实践教学当中的关系会更为平等。学生也更有积极性参与到各项实践教学活动当中，不但使其主观能动性得到充分激发，而且也更能促进其"知行合一"。

(三)高校思政课程实践教学管理体系的建设

思政课程实践教学从总体上讲,已经得到了普遍认可,但在操作层面上却不尽如人意。所以,学校应加强对实践教学的管理。

1.制定规范化的实践教学管理制度

建立实践教学的总体性制度,包括实践教学课时分配、学分划分、课程开设、机构设置、教学监控、教学考核等方面。然后依据总体性制度补充完善各个实践教学环节的管理制度。在完善各个实践教学环节的管理制度时,要注明管理细则,制定具有可操作性的管理标准,以便对实践教学中各种违规行为起到约束控制作用。还需要制定实践教学管理文件,包括大纲、计划、课表、指导书等,这些都属于纲领性文件,在教学中起指导性作用。这些实践教学管理的纲领性文件由校内和校外专家共同制定,以统筹实践教学的校外、校内管理,确保管理的全面性、科学性。

2.设立校级实践教学最高管理者

主要负责学校整体层面的决策、组织、指挥、协调与监督,拟定指导性意见与恰当的质量考核标准,负责实践教学相关人员的任免,对实践教学实行过程控制。教务部门积极配合上级并做好与中间管理层的协调、沟通。根据上级作出的重要决策与传达的重要精神,细化并制成具有操作性的管理制度;指导思政课教学部门拟定好各类实践教学计划、实施方案,协调教学资源在各个院系之间的分配,提高资源利用率、优化管理效益;组织专家、学者做好对各个院系思政课程实践教学效果的考核,并将信息反馈给学校、思政课教学部门及各个院系,以便调整实践教学计划,根据考核结果做好激励与惩罚工作。实践教学具体的管理层次是思政课教学部门与各院系,负责根据校级层次的决策,结合各专业特点、特色,制订各专业的实践教学目标、教学计划及实施方案,并联合实践基地的校外专家、学者对实践教学进行监督、考核。这也是符合思政课与"专业学习同向同行"的要求。对于实践教学具体的落实和实施,主要由思政课教师与各专业的带头人负责,根据上级精神确定本专业各个实践环节的具体实施计划,及时向上级汇报实施情况并经常进行反思、总结。

3. 完善实践教学监控机制

在实践教学管理中，监控机制可以说是其中的关键一环，通过密切监督教学运行情况，可以随时发现问题，从而调整、完善，以实现预期目标。实践教学还应当建立实践教学激励机制，改变学校对思政课重视程度不够、实践教学处于边缘地位的现状。为此，需要重新调整师生认识，运用恰当的激励措施鼓励师生主动参与实践教学。

（四）高校思政课程实践教学方法体系的建设

为确保高校思政课程实践教学的要求与最终效果令人满意，就需要设计并施行合理的实践教学手段与教学方法。通过采用科学、合理的教学手段与教学方法，我们可以成功地完成教学目标任务，也能够深入地优化教学结构，进而持续提升教学品质。

高校在思政课程实践教学中，应根据实践教学的内容、教学对象和教学环境，充分利用教学条件。例如，在"毛泽东思想和中国特色社会主义理论体系概论"课程中，运用问题导入型的教学方法能充分发挥学生的主体作用，让学生回归实践教学阵地；又如，"思想道德修养与法律基础"课程的操作型教学法，是实践教学中对理论的反复运用，对方法的反复推敲，落实从"知"到"行"，最终实现真正的"知"。另外，发展型教学法、范例教学法、合作教学法、团队教学法等实践教学方法常常被运用于实践教学当中。

值得强调的是，教学方法会根据实际需求持续性地更新、完善。我们需要妥善平衡以下几个方面的矛盾：教学目标与学生个性之间的矛盾、教学内容与教学方法之间的矛盾、教学方法的确定性与教学过程的不确定性之间的矛盾、教学策划与学生认知水平之间的矛盾、传统教学方法与创新教学方法之间的矛盾，以及课堂内外教学方法之间的矛盾。它们之间互相影响，共同构建了一个相对完善的实践教学体系。

在实践教学体系当中，教学目的就是最终需要实现的目标，教学内容则是完整建构实践教学体系的基石。另外，教学结构是这一体系中的核心要素，而教学方法则是实现有效相应目标、获得最终成果的关键途径。显而易见，上述的分析主要集中在学校的课程教学层面。在这一实践教学体系当中，还应涵盖实践教学基地的主动参与，以及各方扶持和实践教学理论的不断完善等方面内容。

二、高校思政课程实践教学体系构建的目标及要求

建立思政课程实践教学体系对于思政课的规范开展和全面评价有着重要意义。高校思政课程实践教学体系构建的目标是实践教学开展和评价所依据的重要指标，只有确立客观、真实的目标价值，才能从容开展实践教学活动，进行实践教学成效的验收。思政课程实践教学的总目标是培养学生将思想政治理论与实践相结合，培养实践技能，使学生具有较强的理论创新精神，具备运用理论创造性解决实践问题的综合能力，提升学生相关理论素养并锻炼其具有可持续发展潜力。因此，高校思政课程实践教学将以构建知识目标为基本，能力目标为拓展和思想目标为境界，三者融合的目标为追求。

（一）高校思政课程实践教学体系构建的目标

1. 确立实践教学的知识目标

在思想政治理论课的教学中，知识的传授被视为教学的根本，它不仅是实践教学的基石，同时也是培育学生能力和思维目标的初始步骤。实践教学的知识目标不同于理论教学对知识、概念、原理等的记忆，更重要的是在社会实践中深入理解、掌握和运用。在实践教学中，思政课中属于工具性的知识能帮助学生认识问题和解决问题；思政课中常识性的知识能帮助学生拓宽视野、了解常识，对社会大环境有更好的认识和思考。另外，思政课中的专业知识在实践教学中能将理论进行转化，有助于学生拓宽视野，在解决问题时有助于触类旁通。社会实践中往往会遇到一些复杂多样的难题，因此，需要学生借鉴不同类别的理论知识进行解读，学会融会贯通。特别是思政课中理论性很强的问题，更需要学生在实践中进行运用。所以说，在实践教学过程中，学生可以通过实际操作和现场观察研究等多种方式来深入理解课本里存在的理论知识，从而更好地理解各种知识发展脉络。总的来说，借助实践教学就能够在教学活动中使理论知识得到具体呈现，使学生能够亲身体验知识体系是如何形成的。这就需要学生在实践活动中善于运用调查研究的方法，通过接触社会，了解国情、社情，进行客观分析，掌握理论，深化对理论的了解，形成对理论的反思。

2. 确立实践教学的能力目标

在实践教学知识目标之上的是能力目标。高校思政课程实践教学应致力于协助学生完成对理论知识进行实践操作的工作，以便学生可以在实践教学的帮助下有效促进对马克思主义理论知识的认识、提升实践能力，不仅要收获"鱼"，而且还要学会"渔"。在实践教学中要锻炼学生对理论的实际应用能力，使学生学会如何将理论与社会实际联系起来，用所学的理论解释实际问题、解决实际问题。例如，在思想道德修养与法律基础课上对学生进行法治教育，学生学习了法律知识，懂得了权利义务是什么，那么在实际生活中遇到自己的权利被侵犯的时候，怎样进行事实判断，怎样用法律维权，都是学生将所学知识进行实践运用的过程，而这个过程势必会获得综合性的能力。在实践教学中还能锻炼学生的拓展能力，包括能够终生不断学习的能力。思政课程实践教学对学生的综合素质能力锻炼极为丰富，其中包括基本公民道德、符合要求的思想政治素质、良好的身体和心理素质、遵守职业道德规范等。学生在实践教学过程中还能培养爱岗、敬业、忠诚、奉献的精神，养成强烈的职业责任心、严谨求实的工作作风、遵守职业工作规范和安全规范等职业素质。科学技术发展日新月异，学生还要具备积极进取的精神，以及不断学习钻研新业务的意识。在实践教学过程中，学生要实现从检验理论到理论创新的飞跃，不仅要在实践中掌握理论，更要在实践中开拓、反思与创新理论。更广义地讲，学生在实践教学过程中能接触不同的事物，涉及多个领域，学习和掌握技术、技巧，并积累一定的实际操作经验，这对培养学生的组织能力、表达能力、辨别能力等都大有裨益。因此，在实践教学中，不仅仅是思想政治理论知识的狭义实践，更是丰富多彩生活的广义实践。

3. 确立实践教学的思想目标

高校思政课程实践教学的终极目标是提升学生的思想境界，在思政课程实践教学中，最显著的目标就是培养学生的"三观"，而这就需要重点强调"德性培育"的重要性。实践教学并不只是通过实践操作帮助学生了解知识发展脉络，进而更深入掌握相关知识，更重要的是通过这一过程，促使学生能够了解传统教学模式下难以获得的知识。因此，思政课程实践教学更突出对学生世界观、人生观、价值观的培养。特别是在当前多元文化交叉共存，多元价值观相互影响的新环境下，高校思政教育对于培养大学生的社会认同、文化坚持和理想信念起到了重要作用。

（二）高校思政课程实践教学体系构建的要求

在高校当中，思政课程实践教学体系建设与理论教学是相互影响、相互作用的，二者在教学内容上的有机融合、在教学模式上的协调互动、在教学功能上的优势互补，实现了理论教学与实践教学的一体化，这是思政课程丰富和发展的必由之路。

1. 建立理论教学与实践教学在内容上的有机融合

思政课的理论教学主要通过课堂讲授的方式实现，主要讲授内容为马克思主义理论、中国特色社会主义理论体系的知识等；实践教学则需要通过课内外结合的方式，在指导学生掌握一定理论知识之后，组织其参加实践活动，使学生在亲身体验中进一步强化自身对于理论知识的认识与掌握程度，同时，在这一过程中还能够充分培养其观察、了解与解决问题的能力。

总的来说，为确保理论知识与实际能力能够充分结合，需要将理论教学与实践教学进行紧密结合。由此，二者的充分结合在教学内容方面主要表现为以下两点。第一，用于理论教学的相关内容必须拥有实践成果的支撑。虽然理论教学的内容应以教材为基础，但我们不能简单地复制教材。在实际的理论教学过程中，教师需要结合当前实际情况进行教学。在不偏离教学计划的情况下，需要充分结合多样化的实际案例，以增强教学的吸引力与说服力。第二，在实践教学过程中，需要始终遵循科学理论的方向引导。大部分学生心智尚未成熟，所以，在面对社会实践活动的时候常常出现盲目的行为表现。在开展实践教学的过程中应当与课堂上的理论教学紧密相连。进而基于科学的理论知识的指导，选择那些可能使学生感到困惑或存在认知偏差的教学主题，鼓励他们带着疑问进行实践，进而在实践教学过程中应用所学马克思主义理论知识来认识、了解、解决问题，从而充分明确对马克思主义理论的正确认知。

2. 在理论与实践的教学模式中实现和谐的互动与配合

在思政课程理论教学中，课堂教学往往占据主导地位，教师在固定的时间和地点讲授理论观点，这是学生最熟悉的思政课课堂，但在这样的课堂教学模式下出现的教学效果又让学生倍感陌生。实践教学不仅包括课内的实践教学，也涵盖课外的实践教学。之所以存在这种课内课外并存的形式，主要是为了帮助学生亲身体验多种多样的实践活动，使他们得到成长，从而成为真正的学习主体。对于学生来说，这种理论与实践相结合的教学方法十分新奇，且能够充分激发其学习兴趣。

通过将理论教学与实践教学进行修整完善之后加以整合，进而实现实践教学与理论教学的深度结合，从而促使学生在课堂中更好地理解与掌握理论知识。如今传统的灌输式教育方式逐渐难以适应时代发展要求，所以，教师会结合实际教学内容进行各种实践案例、情景教学活动，使得学生能够在课堂教学当中领略多样化的动态教学要素，进而促使学生能够发挥主动性，对课堂学习中遇到的诸多问题进行细致思考，以增加课堂教学的趣味性，从而获得良好的理论教学效果。在进行课外实践教学时，教师应该将相应的教学内容与理论教学紧密结合，采用更新的方式来丰富理论教学。通过创建思政课程实践教学基地、积极推动学校与各方的合作以及组织各种类型的学生社会实践活动等方式，成功地实现实践教学从课内向课外的转换，引导学生见识到更为广阔的世界，从而使得学生能够将自身所学理论知识与实际情况进行充分结合，并进一步促使他们对现实情况进行观察与反思。

3.在功能上实现理论与实践教学的结合

在思政课中，理论教学与实践教学各有其独特作用，因此在教学活动中，必须确保大学生能够深入地、全心全意地学习马克思主义理论，而这就需要思政课的理论教学与实践教学共同发力，形成互补。首先，实现理论与实践教学紧密结合，并发挥主体作用，帮助大学生更加主动地了解马克思主义的核心理论，从而真正理解马克思主义的精髓。其次，理论与实践相结合的教学方法可以使大学生获得极为稳固的马克思主义理论基础，并为他们的实践提供机会与平台。学生在对马克思主义理论知识进行深入了解与实际应用之后，不但能有效促进自身对这一理论知识的应用能力提高，还能够在很大程度上强化自身对马克思主义理论的认同。再次，将理论教学与实践教学紧密结合，通过在实践中应用理论知识，学生能够充分感受马克思主义理论的先进性，进而增加自身对这一理论知识的学习兴趣，并最终形成对马克思主义的正确认识。最后，在辩证唯物主义的认识论当中，有这样一种观点，即从实践到认识到实践，再到认识不断循环，而这一过程也就构成了认识的逻辑途径。将思政课的理论教学与实践教学紧密结合，主要就是为了贴合这一基本规律，以期促使大学生对于马克思主义理论的认识、学习、掌握与应用，最终建立坚定的马克思主义信仰。

党和国家一直以来都十分关注实践育人，坚定地认为将教育、生产劳动和社会实践紧密结合是党的教育政策的核心部分。坚定地将理论学习、创新思维与社会实践融为一体，并始终坚定地认为从实践操作和人民群众中学习，才是大学生获得成功的关键。对于学生来说，要想强化自身的社会责任感，以及增强创新精神、提升实践能力，就需要充分强化高校在实践教育方面的工作。而这也就能够确保学生在中国共产党的引导下，坚定地走中国特色社会主义之路，为中华民族的伟大复兴而付出不懈努力，并自觉地成为中国特色社会主义的合格建设者和可信赖的继承者。另外，也能够进一步深化教育和教学改革、提升人才培养的质量、加快经济发展方式的转变，以及建设创新型国家和人力资源强国。

三、高校思政课程实践教学体系构建的思路及方法

以人为本是现代社会重要的理念，具有育人作用的高校思想政治教育，自然要严格贯彻、体现这一时代理念，切实做到以学生为本。

在当今时代，学生群体出现了多样化趋势，学生学习能力、学习兴趣等方面的差异也日益显现。因此，尊重学生个体差异，满足不同学生群体的学习需求就成了培养应用技术型人才的关键，也是提高实践教学质量、构建完善实践教学体系的保障。高校在构建实践教学体系时，应该全面了解学生的个性、能力差异，并且将这些学生按照一定的标准划分为几大类，因材施教。另外，坚持以学生为本的原则进行实践教学体系的构建，还要求高校在实践教学中以全面提升学生综合素质为目标，按照学生多样化的需要设计多层次的教学内容，完善教学环节、丰富教学手段与方法。

在这样的原则指导下，实践教学体系的构建要紧紧围绕学生的需求进行，将培养学生良好的思想政治素养和提高社会实践能力作为导向，探索一条既按课程类别进行分层构建，又按课程目标进行集中构建的思路与方法。

(一)高校按课程类别进行分层构建

在实践教学体系中应用的分层模式,主要是基于当前的思政课程设计的,对不同课程都有着针对性的设计,并在社会实践的方法和内容上强调课程的独特性表现。而在教学当中所应用的"综合模式",实际上是围绕"毛泽东思想和中国特色社会主义理论体系概论"这一门课程进行的,它不再强调课程的具体边界,对各项教师资源做到了有效利用,并重点开展社会调研活动。

举例如下,"思想道德修养与法律基础"这一门课程被视为对日常的思想和行为加以规范的课程,它是思政课程的基础。它的根本目的就是对学生的思想道德观念、法律意识进行完善。在实践教学中,基于学生实践手册的要求,积极鼓励学生参与"五个一工程"的具体落实工作,简单来说,就是要求学生阅读一本优秀的书籍、培养一个良好的习惯、参与一次义工活动、组织一次法庭旁听、开展一次主题班会等。"中国近现代史纲要"实践教学的核心目标是,通过引导学生对近现代史中历史事件或历史人物进行深入了解,从而加强面向学生的爱国主义教育。"马克思主义基本原理概论"这门课程旨在通过实践教学,进一步增强学生运用马克思主义的观点、立场和方法深入理解与解决实际问题的能力。通过多种方式,进行关于"我对马克思主义的认识"的主体探讨活动。例如,以中国共产党建党一百周年为契机,落实立德树人的根本任务,更好地为党育人、为国育才,结合"毛泽东思想和中国特色社会主义理论体系概论"授课内容,思政课教师把党史教育贯穿思政课堂,激发学生学习党史的热情,弘扬中国共产党的精神谱系,把社会主义核心价值观灌输进学生的头脑,同时组织师生开展社会实践及进行党史现场教学。通过实践学习,让学生了解党艰苦斗争的历史,充分认识到幸福来之不易。同时,也让学生认识到在学好专业技能的同时,也要努力学习党史,培养红色思想,立志在实现中华民族的伟大复兴中贡献自己的力量。

(二)高校按课程目标进行集中构建

"毛泽东思想和中国特色社会主义理论体系概论"这门课程重点介绍了马克思主义理论与中国的实际情况充分集合的各项理论成果,这门课程在思政课的教学体系中十分重要。对于学生来说,当自己正式开始学习这门课程时,就已经处于大学一年级下半年的学习阶段,并系统地掌握了相关的专业知识和技能。这使他们对自己有了更深入的认识，职业目标也变得更加明确。因此，"毛泽东思想与中国特色社会主义理论体系概论"的实践课程，主要可以划分为以下两个方面：一方面是组织学生利用他们所掌握的专业知识，开展如科技咨询、法律咨询、理论宣传等多种科技文化服务活动；另一方面是为了深化学生对中国特色社会主义的了解和认识，我们需要进行深入的专题调查，包括了解各地经济社会发展历史和当前状况，从而进一步坚定大学生努力学习报效国家的决心。在这一过程中，需要联合学校的团组织和学工办，指派专业的指导教师来对学生的社会实践活动报告进行评价。根据学生的表现，通过"优秀""良好""中等""及格""不及格"这五种评级来评定他们的成绩。只要学生的成绩达到及格或更高，就可以获得对应的学分。所有参与评价的指导教师都可以在他们负责的实践报告中，选择一定量的实践报告参与评奖活动。

第三节 高校思政课程实践教学模式的评价

一、高校思政课课堂实践教学评价

实践教学评价主要是基于社会发展的需求以及教育活动的实际状况，来设定并验证教育的目标；根据教育的目的、评估的目标和条件、与教育活动相关人员的期望、需求和意向，以及现有的各种规定和科学理论，制定的以评价标准为中心的评价计划，并据此开展相应的评价活动。

课堂实践教学评价的定义是基于对课堂教学信息的系统性、科学性和全面性的收集、整理、处理和分析，进而评估课堂教学实际价值的过程。这一措施旨在推动课堂教学的进步，并提升课堂教学的效果。思政课的课堂实践教学模式是在特定教学理论的指导下，为了达到教学目标而精心设计的教学模式，它不只是一个教学手段，更是一个涵盖了教学的原理、内容、目标、任务、过程，以及教学组织形式的系统且完善的教学模式。

思政课课堂实践教学评价应从以学生为主体、精心组织准备、培养学习方法和思维方式、课堂实践教学驾驭、课堂分享与小结五个方面入手。

（一）以学生为主体

1. 师生共同参与

在进行传统课堂教学与课堂实践教学的区分工作的时候，主要通过选择将以教师为主体还是以学生为主体作为评判标准。通常情况下，在传统课堂教学中，教师往往占据主要地位，而学生则常常居于次要地位。实施课堂实践教学评价活动的目的是将以教师为主体转变为以学生为主体，强调学生在教学中的主体地位。需要明确的一点是，虽然将学生作为教学的主体，但是教师在教学中的重要作用也并不能够被否认。与学生作为教学主体的地位相比，教师在组织和引导学生这一方面也发挥着不可或缺的作用，而这也正是课堂实践教学能够获得成功的关键。

2. 理论指导实践

课堂实践教学属于课堂理论教学的有效补充，所以理论教学始终处于核心地位。将各种各样的课程实践教学与课堂理论教学进行深度结合，使其内容变得更加丰富，确保课堂教学中的理论与实际能够紧密结合，从而获得良好的教学效果。另外，还需要利用理论教学内容对实践教学内容加以丰富，并用这些理论来对实践教学进行指导。需要基于理论教学的具体内容确定实践教学的主题，确保教学目标具体、清晰、突出，从而使学生能够获得更为直观且生动的教学体验。

3. 学生自主获取知识

在教学过程中，我们应该鼓励学生以创新的方式去探索和发现真理，而不是坚持传统的深入讲解理论知识的观念。相反，我们应该给予学生更多的思考空间，以增加学生的学习深度，使得他们有动力深入地进行研究和讨论，从而获得合理的实践教学评价结果。在授课过程中，我们不应过分依赖各种资料的引用，而应注重鼓励学生依靠自己思维创新实现教学内容的举一反三，从而确保学生能够不断发现问题、解决问题，进而再度发掘出问题并加以解决，在不断循环中促使学生熟练掌握学习技巧，提升自身的研究能力以及获取和创新知识的能力。对于教师来说，在为学生提供必要指导的基础上，还需要努力为学生营造轻松的学习氛围，从而充分激发其学习热情，使学生积极参与学习。

（二）精心组织准备

为了获得良好的课堂实践教学效果，课前的准备工作是不可或缺的。对于教师来说，备课不仅仅是编写教案，除了需要深入研究教材之外，也需要仔细探究教学的重点和难点，还需要及时根据学生的具体情况进行合理的教学活动设计，以便给出合理的实践教学评价结果。在课堂教学之前，教师需要深入思考学生可能会出现的各种问题，并为突发情况制定相应的紧急应对策略，从而保证教学活动顺利开展。

1. 精心安排教学内容

精心安排教学内容能够确保课堂实践教学顺利达到教学目标。作为教师，除了要对教材有深入的了解外，还需要对学生有全面的认识，并选择具有思想性、教育性、针对性和现实性的教学内容开展教学工作，以便锻炼学生的学习能力和思考能力，进而获得合理的实践教学评价。

由于课堂教学本身存在时间和空间上的限制，所以课堂实践教学存在规模较小、持续时间较短且活动内容较为紧凑的问题。为此，在进行实践教学时，教师需要精心策划并做好充分的准备。首先，根据理论教学内容来制定实践教学的主题，并将具体问题作为核心进行主题的设计，确保内容简明扼要；其次，在选择实践教学具体形式的时候，需要依据具体的教学内容进行选择，选择最具教育意义的教学内容制定实践教学计划；最后，在进行课堂实践教学时，要合理规划教学的时长。

2. 充当学习指导者

在教学当中，教师不仅是学生的"领导者"，还是学生学习的指导者与人格的培育者。由此，部分国家的教育界会将教师誉为"学习指导者"，这对我们来说具有启发作用。

3. 认真安排教学环节

为了确保课堂实践教学能够达到教学目标，最重要的就是对教学环节进行具体、细致的安排。以焦点讨论为例，需要做好以下准备。首先，在实践教学开始之前，将教学过程中会使用到的讨论材料分发给学生，并积极鼓励他们提前进行阅读与讨论；其次，在正式开始课堂讨论之前，教师需要对课堂中的学生进行讨论组的划分，并由每组选出一两名进行发言的学生，这些学生将会与所有人分享与交流本小组内讨论的主要内容和观点；最后，由教师评价学生的讨论成果，并给出意见，在这一过程中，需要重视学生的意见，对其中合理的部分加以采纳并给予积极鼓励，这一做法有利于作出客观的实践教学评价，提高教学质量。

4. 深入讨论与延伸阅读

在课堂实践教学过程中，教师需要基于学生的学习和讨论结果，提出新的议题，并鼓励学生再次对此进行讨论和阅读相关资料，这一过程就是深入讨论与延伸阅读。教师还需要对学生的讨论结果进行细致评价，之后再基于教学目标指引学生思考，通过教师与学生的深入探讨，使得学生能够对相关内容有更为深刻的理解。接下来，教师还需要引导学生基于他们的认知水平来编写学习报告，从而进一步夯实学习成果。为了提高教学质量，教师需要巧妙地利用各种辅助工具，并依据教学安排，选择合适的图片和视频资料。

（三）培养学习方法和思维方法

1. 教会学生学习

作为教师，除了教授理论知识外，更重要的是指导学生如何进行有效的学习，教会他们科学的学习方法和策略。

2. 从辩证的角度进行质疑和评价

一旦学生掌握了有效的学习方法和思维技巧，他们就能熟练运用这些方法。在如今这个知识不断增长和变化的时代背景下，他们就能更加灵活地应对各种变化，并能基于辩证的角度对知识进行质疑与评价，进而对落后于当前时代的知识内容进行创新。

3. 熟练运用知识的能力

对于教师来说，在进行思政课课堂实践教学的时候，应当适当借鉴其他优秀教师在教学时的做法，积极应用包括问题考察和课题研究在内的多种方法，来评估课堂教学的效果。另外，还可以通过小论文的形式进行考试，其考试重点就是测试学生对于所学知识的运用程度、多角度解决问题的能力、创新思维与创新能力等，借此充分提升学生对于问题的观察、分析、解决的能力，并进一步提高学生的综合素质，使其思维更具创新性、条理性、周密性等。

4.独立思考和独立研究的能力

教师的职责并不只是向学生传授具体教学内容，还需要将前人总结的适用于当前教学内容的经验与方法适当地传授给学生，并将整个教学过程视为科学研究的"雏形"，或者对整个科学研究过程的模拟，借此充分激发学生的探索精神，并积极培养他们在科学研究当中进行独立思考与独立研究的能力。

（四）课堂实践教学驾驭

1.关注学生的课前学习情况

作为教师，应当密切关注学生在课前的学习情况，并与他们进行及时沟通，以便更有效地推进学习进程。教师需要在课程开始之前向学生提供与教学内容相关的问题。需要注意的是，课堂上的讨论方向不一定是某个特定的问题。接下来，学生需要自学并进行课前准备，需要仔细查阅与这一问题相关的各种资料，并进行详细记录，之后根据自身对这一问题的了解情况，提出自己的疑问，表述自己的观点。而学生提出的疑问本身属于课堂讨论的大问题中衍生的子问题，它们是课堂上所讨论问题的具体表现，有利于教师作出合理的实践教学评价。

2.把握课堂节奏，调动课堂气氛

在进行课堂讨论的时候，教师只需要辅助即可。首先，教师需要积极引导学生基于设定的问题和教学目标展开深入讨论；其次，始终关注课堂讨论的节奏以便及时调整，营造出热烈的课堂讨论氛围，确保讨论活动顺利进行；最后，教师需要积极评价学生讨论得出的观点，要求客观、真实。

3.督促、指导与辅助学生学习

鉴于部分学生缺乏对学习的热情和主动性，教师的督促指导与辅助作用显得尤为重要，它是决定课堂实践教学获得成功的关键。教师需要按照实际教学中学生的课前准备情况与课中讨论情况进行教学报告的撰写，之后总结、评价实践教学活动，并积极协助学生从知识积累转向能力的全面培养。

4.激发学生的创新精神和创造能力

在进行课堂实践教学的过程中，教师不可以歧视学生，而是需要根据学生的实际情况关心他们、引导他们，做到不偏不倚，从而营造和谐的教学环境。还需

要积极鼓励和表扬他们，激发他们的学习热情。对于教师来说，在给予学生赞赏的时候，不但要赞赏学生成绩，也要赞赏学生的兴趣、爱好和专业技能等方面，同时也要对学生大胆质疑教科书、超越教师，以及自身在创新思维和创造能力的提高上表示赞赏。通过这种方式，能够有效提高实践教学的效率，并维护学生的身心健康，还可以因此获得准确的教学评价。

（五）课堂分享与小结

1. 研究性学习

鉴于思政课的教学现状，学生只需在一个学期内深入研究一个特定问题即可，在研究过程当中，学生需要根据自己的研究成果提出相应的疑问，得出自己的观点，丰富自己的知识储备并提升自身学习能力。课堂的实践教学与理论教学相辅相成，能够对学生进行直接、具体、长效的教育，也有助于得到合理的实践教学评价。

2. 组织学生分享与交流

教师在结束课堂实践教学活动之后，需要安排分享环节，组织学生对所学知识的感悟进行分享与交流，教师也需对学生的感悟进行合理评价。

3. 综合讲述和分析

在教学分享环节结束后，教师需要对实践教学活动的重要性进行全面阐述，并重新聚焦理论教学的内容，最终实现实践论证理论、理论与实践深度融合的教学目标。

4. 对实践教学活动全过程进行小结

在结束课堂实践教学之前，教师需要对整个实践教学过程进行总结和评价，并对学生在学习过程中的表现进行表扬或指正。除此之外，还需要引导学生发现自身的不足之处，并在之后的课堂实践教学活动中进行完善与提升。

二、高校思政课校园实践教学评价

思政课校园实践教学活动，是指学校在思政课课堂教学以外，有目的、有计划地组织学生参加的多种多样的教育活动。它是学生课余生活的良好组织形式。

苏联的教育家苏霍姆林斯基（Sukhomlinsky）持有这样的观点：校园实践教学活动是学生"智力生活的策源地"，校园实践教学活动使"青少年迈上了科学思维的道路"。在他看来，校园实践教学活动是学生"个性发展的一个重要条件""只有当学生每天按自己的愿望随意使用5～7个小时的空余时间，才有可能培养出聪明的、全面发展的人才"。[1]

（一）校园实践教学评价指标构建原则

科学研究要求实证与规范相统一，基于此，思政课校园实践教学活动的评价指标制定要坚持以下两个基本原则，分别是科学性与实用性。为确保校园实践教学活动的评价指标能够完美满足上述两个基本原则，就需要严格遵守以下具体原则。

1. 导向性原则

对校园实践教学活动进行指导，及时作出反馈，并提出合理的意见与建议。

2. 整体性原则

基于校园实践教学活动的角度确保评价标准的全面性和各项指标的完整性。

3. 客观性原则

要求最终的评价始终保持客观，并且能够准确地展现出评价的实际情况。

4. 可测性原则

要求评价指标的主要方面可以规范观察和测量，评价指标必须有观察点，观察点必须可测。

5. 简易性原则

将指标体系设计得既简单又实用，能够切实反映评价的目的，并且还可以得到有效实施。

（二）校园实践教学活动评价表的操作

在校园实践教学活动中，评价表的主要操作步骤如下。第一，组织学习评价表。在开始实施之前，我们应该先组织学习评价表，深入了解评价指标体系的具

---

[1] 苏霍姆林斯基.给教师的建议［M］.北京：教育科学出版社，1984：68-78.

体情况，进而有效地掌控这个体系。第二，成立二级学院指标体系评价小组。组内成员需要有良好的品行与较高的教学能力、管理能力。另外，该小组的组长需要由教育理论知识水平高超、教学科研能力出色，且对教学评价工作有深入了解的工作能力强的人员担任。第三，组织评价小组对各项指标进行深入的学习、讨论以及修正、完善。在进行评价之前，评价小组的所有成员都需要学习评价的标准和方法。若对细节存在异议，需要及时修改完善，在进行评价时，必须根据经过修订并获得所有人认可的统一标准和方法开展评价工作。第四，开展测试性评价。通过测试性评价，使得评价小组的所有成员深度测试所有评价标准是否可行。第五，正式开始评价。在正式开始评价之前，评价小组的所有成员都需要提前深入了解实践教学的教学计划，了解学生情况，实事求是地作出评价。第六，进行评分。评价人员在完成评价后，需要根据评价标准进行评分。这些评分必须充分反映出评价者的意向。评价小组所有成员的评价总分为最终评分，然后根据最终评分的高低来确定排名。

（三）校园实践教学评价表

通过选择合适的评价指标，并对指标体系进行量化分析，可以判断一个学校的实践教学活动水平，并根据评价结果找出所制定标准中的不足。利用专家的评分结果，对各项指标进行量化，并采用层次分析法来确定其权重，从而对校园实践教学活动评价指标标准进行定量评价，由此也能够更好地辅助相关标准在之后进行制定、评价、修改、完善、提升。此外，还可以对校园实践教学活动的评价指标体系标准进行试评，及时了解测试指标具体情况，并依据试评结果进行修改、完善。

三、高校思政课社会实践教学评价

社会实践是学校教育的重要组成部分，很多高校已把社会实践列为学生的必修课。建立科学的社会实践效果评价指标体系，对学生社会实践效果进行科学、合理的评价，不仅有助于提高学生参加社会实践的积极性和主动性，真正达到提高学生综合素质的目的，且对促进社会实践教学的不断完善和良好有序发展具有重要意义。

（一）社会实践教学评价指标构建原则

现阶段，许多高校并没有为学生建立起统一的、标准的社会实践教学评价指标体系，现行的诸多评价标准已不具备可行性。正是因为评价体系本身处于不完善的状态，限制了学生的社会实践，也使得大部分社会实践活动难以达到理想效果。所以说，当前最重要的任务就是建立统一的、标准的社会实践教学评价指标体系。

1. 可操作性原则

学生社会实践教学的形式多样、内容充盈。所以在评价学生参与社会实践教学的效果时，所有参与评价的指标都需要具备具体的考核意义。为了对学生在社会实践活动中的具体表现进行更细致的描述，就需要确保指标得到充分量化。

2. 系统性原则

社会实践教学是系统性工程，涉及个人、学校与社会。所以说，需要基于系统性的评价标准对社会实践教学效果进行评价。值得注意的是，这里的系统性，意味着在进行评价的时候需要确保评价体系拥有完整性、层次性、相关性这三个方面的特性，并高度关注社会实践中不同要素的联系与互动。只有遵循系统性的原则，我们才能全方位地评估社会实践教育的各个方面，并将其整合为一个有机整体，以便进行有效的管理和控制。

3. 科学性原则

所有参与评价的指标都必须进行严格的科学论证，以确保它们能够真实地展现学生在社会实践教学中的实际参与情况。指标必须科学、准确，还需要据此构建科学化评估模型，我们应当积极利用现代技术，通过量化评价的手段对社会实践教学的效果进行评价，并确保最终结果切实有效。

评价社会实践教学涉及多个方面，较为复杂，所以必须对主要的评价因素和指标进行全面评价，确保评价体系的合理性和科学性。总的来说，在对学生的社会实践成果进行评价的时候，需要结合定性与定量的方式，不但要关注可以用定量方式描述的内容，如社会实践报告、辅助证明材料等，还需要关注那些可以用定性描述的内容，如学生在社会实践中的成长情况、对社会的贡献等，以期通过公平、公正、客观的手段评价学生的社会实践教学效果。

（二）评价指标说明

1. 社会实践教学实施效果

通过社会实践教学最终呈现出的效果，能够准确衡量学生参与社会实践最终成果，基于此，我们就可以更加充分地了解学生参与社会实践活动的实际情况，进而准确评估学生在社会实践活动中所接受的各方面教育成效。

（1）活动实施过程保障

在进行社会实践活动之前，学生需要进行充分的准备，并制定可行性较强的计划，还需要接受相关培训，同时制定足够的安全措施作为保障。主导此活动的相关单位以及参与其中的人员都需要切实做好自身工作，建立完善的安全保障，以确保社会实践教学活动的顺利推进。

（2）辅助证明材料

参与社会实践活动的学生在活动结束之后，需要根据要求提交相关证明材料，这些材料应包括照片、视频、音频，以及实践活动当中的各种文件等。

（3）社会实践报告

学生不但要根据要求提交社会实践报告，还需要确保报告中所撰写的与自身感悟有关的内容足够真实、具体，还需要深度结合实际情况。

（4）宣传报道情况

学校内外的各种媒体平台都需要及时发布与实践活动相关的新闻，并通过多种渠道进行宣传，以期进一步扩大该活动的社会影响力，进而赢得社会各界的广泛认可。

2. 学生的成长与发展

社会实践教学是为了提高学生综合素质与能力而存在的，基于此，我们就能更准确地了解学生在个人能力方面的受教育情况。

（1）团队协作意识

团队成员在实际操作中应保持密切合作，明确各自的职责，并有条不紊地完成任务，同时也要认识到高效的团队合作所具备的重要价值。

（2）能力培养

在社会实践的过程中，学生可以有计划地培养和加强自己各方面的能力，并积极提升自己的综合素质。

（3）专业知识深化

社会实践本身是为了将学生的理论知识与社会的实际情况充分融合，从而加深学生对于所学理论知识的理解和掌握程度。

（4）社会责任意识

在进行社会实践活动时，学生需不断强化自身服务社会的意识，明确自身所肩负的责任，并为促进社会的发展作出努力。

3.多方评价结果

在评价学生的社会实践教学成果时，我们应鼓励与其社会实践有关的人共同参与评价工作，基于多角度评判得出公正且客观的评价结果。

（1）答辩情况

答辩是由学院的职能部门负责组织的，学生在答辩时应确保内容翔实、条理清晰，从而充分展现自身实践成果，以及对于问题的分析和解决能力。

（2）实践者自我评价

社会实践教学成果的评价应包括由学生基于自己的实践经验和成果独立进行的评价。

（3）指导教师评价

社会实践教学成果的评价也应包括由指导教师基于学生在实践中的表现和最终成果进行的评价。

（4）接收单位评价

社会实践教学成果的评价还应包括由接收单位基于学生在实践中的表现和最终成果进行的评价。

在评价学生的社会实践教学成果时，我们需要探明所有可能影响其效果的因素，并充分结合定性和定量分析，以期获得公平、公正、合理、客观的评价结果。通过现行的学生社会实践教学评价指标体系进行综合分析，我们就能够明显发现，这一体系可以充分展现存在主要影响的因素，进而有效辅助社会实践教学成果的考核工作。

第四章　高校思政课程实践教学环境的优化

环境对于高校思政课程实践教学来说是非常重要的。本章共三节，主要阐述了对实现高校思政课程实践教学环境优化的思考、高校思政课程实践教学的科学化和高校思政课程实践教学基地的开发与使用。

第一节　对实现高校思政课程实践教学环境优化的思考

一、教学区域环境的优化对策

（一）教学区域环境设计体现思政教育特色

为了进一步优化教学区域的环境，我们需要重点关注物质环境的改善，其中包括教学区域的环境状况以及各项基础设施设备等。一个优质的教育氛围是确保学生学习效率提升的关键。在教学区域内，进行思政教育环境的设计时，需要结合学生的切实需求，使得最终的设计结果能够充分满足学生各方面的需要，且能够充分展现出思政教育的特点。

第一，我们需要通过多样化的手段来确保环境内容的丰富多样。其中，多样性不是简单地堆砌事物，而是需要在教学区域内进行多样化的主题环境设置。具体来说，在进行教育主题设计的时候，可以根据学生的年级来设计具有不同特点的教育主题，潜移默化引导学生进行思想上的改变。另外，值得关注的是，学生认知水平在不断进步，思政教育环境也需要随之不断改进，以更好地满足学生的需求。

第二，我们需要对教学区域的空间进行合理安排，确保其思想性和科学性得以彰显。要想展现思想性，就意味着在教学区域内，每个角落都必须反映出思想和教育的深远意义，如可以在教学区域内设置一些能够展现教育特色或是为学生提供服务的建筑。对于学生来说，在这种人文氛围与周围环境完美融合的地方，才能真正实现身心的放松。另外，要想确保科学性得到完美发挥，就需要对教学区域的环境进行合理布局，使得学生的身心不会因此受到负面影响。

（二）教学区域设计以思政为主题的活动

要想确保教学区域的环境适宜学生的成长，关键在于教学区域内的思政教育气氛营造，为此就需要举办思政活动，需要教师与学生的深度参与并结合多样化的教育活动，从而共同推动学生身心的健康发展和学术能力的进一步提升。一般而言，我们会将教学区内的教育活动进行以下三个主要类别的划分：课程文化活动、社团活动以及班级活动。课程文化活动是要求学生必须参与的专业课程活动，它的存在对于学生作用巨大，是学生能够参与各类课外活动的思想基础。因此，教师在教育过程中，不但要全面且深入地教授学生各种基础性知识，还需要确保学生思想内化顺利进行，进而为其社会实践提供指导。社团活动是由学生发挥主观能动性而组织的群众性文化、艺术与学术活动。学生社团的种类众多，其主要目的就是帮助学生提升综合能力和个人素质。所以在进行活动策划的时候，相关人员需要深入思考该活动是否能够有效促进学生的发展，以确保学生可以在自己的兴趣与爱好中不断实现自身思想素质的提升。班级活动主要指的是在班级内部进行的有组织、有计划、有目的的活动。虽然班级活动看起来十分普通且常见，但实际上它是最直观高效的教育方式，能够有效促进学生的个人成长和班级的整体建设。

二、校园网络环境的优化对策

因为互联网发展十分迅速，在高校中也得到了广泛使用，所以高校需要认识到互联网在思政教育中的重要作用，并深入探寻两者结合的有效手段，以适应时代发展。

（一）增加思政教育学习板块内容

对于高校思政教育来说，网络教学形式属于当前时代背景下较为先进的教育形式,所以高校需要借助校园网这一平台,来对学生进行思政课程的教育和管理。简单来说,高校需要在校园网中建立关于思政教育的学习链接,使学生不但能从中学习思政相关的前沿理论知识,也可以观看党校的课程视频。

举例来说,高校通过在校园网中设立专门的讨论平台,使得学生能针对特定的思政教育课题进行讨论或咨询教师,同时,教师也能及时为其作出指导。校园网的存在使得思政课教师可以更加方便地开展思政教育。

(二)增加师生双向互动的教育活动

随着国际形势越来越严峻,思政教育也面临着更为严峻的考验,而这就需要思政教育的方法真正做到与时代同步发展。伴随着互联网的普及与迅猛发展,高校师生对于互联网的应用也日益深入,所以,此时就需要师生在互联网中建立起紧密联系,对思想政治教育的手段加以创新,并借助校园网积极推动双向互动教育活动的开展,积极实现教育目标。为促使高校师生积极参与校园网内的思政教育活动,就需要以学生为主体,基于学生的实际需求与兴趣爱好策划相关活动,切实展现思政教育活动的现实意义,充分提高学生对校园网内思政教育活动的关注与参与程度。

三、教学延展区域环境的优化对策

(一)增强教学延展区域的教育影响力

要提高教学延展区域的教育影响力,就需要对教学延展区域的内部和外部环境进行净化和美化,确保学生身处人文气息浓郁的静谧环境中并深深地感受其中的文化魅力,从而陶冶身心。

高校教学延展区域的内部环境需要适应当前时代要求的思想意识,并构建充满活力的学习环境,从而对学生进行潜移默化的引导,有效提高学生的思想道德素质。

高校教学延展区域的外部环境设计,必须切实展现建筑本身的灵活性,以及外部环境的高雅与舒适,从而给学生带来愉悦的身心体验,有效促进其高尚道德品质的培养。

（二）丰富教学延展区域的思政教育活动

作为高校中信息资源储备最多的区域，教学延展区域应当最大限度地发挥其在学生个人成长和才能培养方面的教育作用。所以，就需要在教学延展区域内定期组织各类思政教育活动，吸引更多具有活力与创造力的学生参与其中，对提高学生的理论知识和文化修养具有极大的促进作用。

在这里，我们可以将教学延展区域的各种活动方式粗略地划分为以下两种。

一种是由图书馆馆内工作人员组织的活动，如最佳馆员评选和馆员推书活动等。尽管学生并未直接参与这些活动，但这些活动本身所营造出的积极进取和不懈追求的氛围，能够对高校学生产生积极作用。因此，馆内的工作人员必须在思想和行动上都积极参与其中，活跃馆内氛围，进而激发学生学习热情。

另一种是以学生为主体开展的活动。比如大学生图书知识竞赛、基于学生实际生活的专家讲座等活动，积极鼓励学生从学者身上汲取榜样的力量，进而不断发展完善自身的思想与行为，由此就能够充分增强教学延展区域的学习氛围，也可以有效促进学生的深度参与；除此之外，通过推荐图书资料的活动，辅助学生更好地利用馆内资源，丰富其知识储备，增强其心智能力，并合理安排其课余时间。

总而言之，高校的教学延展区域需要最大化地利用自身丰富的教育资源，定期举办各种形式的教育活动，释放其独特的文化魅力，有效促进大学生的成长成才。

四、运动休闲区域环境的优化对策

对于学生来说，运动休闲区域是一个舒缓身心、释放压力的地方。除了受到高校的思政教育和教学区域环境的影响外，大学生会长时间受到运动休闲区域环境的影响。在运动休闲区域当中，不管是建筑的布局、精神氛围的营造，还是教育活动的设计等因素，都会对学生产生深远影响。

（一）优化运动休闲区域的空间布局

我们可以将校园空间视为校园文化的具体体现，甚至可以说它本身就是文化。

高校校园内的各类设计都是教育学生的重要组成部分,不管是雕塑的设置还是花草树木的排列,都能够体现校园的精神。但是需要明确的一点是,不管是哪一种类型,都应当始终遵循整体性和连续性的基本原则,并据此进行空间环境布局的设计与优化。整体性原则强调,在设计过程中应始终保持一致的思想精神,并据此对周边的环境布局进行规划和建设,这有助于学生更清晰地理解学校的思想精神。连续性原则强调,在空间布局中,思想精神的表达应当是连续的。尽管教学楼内的教室是大学生接受思政教育最频繁的地方,但是我们也应该关注其他校园空间环境,并在这些空间环境中延续这一思想精神的表达。所以说,我们应当对运动休闲区的空间布局进行完善,不仅要展现出校园建筑的审美魅力,还要积极贴合时代要求,更要体现出校园精神,从而确保学生在高校随时地都可以接受环境教育的影响。

(二)完善运动休闲区域的教育链

与高中学生相比,大学生的学业负担有所减轻,这为他们广泛参与课外活动提供了更大的便利。其中,对运动休闲区域的教育链加以优化是为了促使学生能够更为深刻地认识到校园活动的深层含义,进而建立起情感上的认同。而这就需要在对大学生进行教育的过程中,始终坚持逐步深入的原则,协助学生构建系统的思维逻辑。例如,在组织足球比赛的时候,很多高校都倾向于以竞技体育和体育精神为宣传主题,而并不重视足球比赛对学生在情感和认知等方面产生的积极影响。通常情况下,高校足球比赛的重要价值就是培养学生,即要求学生在参与此类活动的过程中,深刻感受竞技体育精神的魅力,更重要的是,可以对体育精神作进一步拓展。只有当这些体验真正融入体育活动的教育中,并逐渐建立起完备的教育链条,才能真正实现体育育人。总而言之,为了构建一个完善的教育链条,校园活动的组织者需要进行完备的统筹规划,使得学生有机会实现自身思想意识的深化,确保学生能够理解活动隐含的深意,进而建立健全的思想意识。

第二节 高校思政课程实践教学的科学化

一、高校思想政治教育学科建制的科学化

学科建制与社会建制互为表里,要实现高校思政教育学科建制的科学化,必须同时"强内优外",深化学理建制的基础地位,增强知识体系的成熟程度,同时使外在社会建制进一步系统化,内外相得益彰,共同促进思政教育学科良性发展,外盛内优。

(一)提升学科建制水平

1. 坚定学科信仰和学科自信

思政教育学科信仰是一种稳定的心理状态,在完善学科建制的过程中,面对理论问题的探讨,教师与学生都要保持这种心理状态。学科信仰是学科自信的体现和学科自觉意识的表达。加强思政教育学科的学理建制,要求教师与学生不仅对马克思主义基本观点和自身政治立场持有积极的认同感,更要对思政教育学科抱有坚定的学科信仰和自信心,并以此为动力,强化自身的主体地位。

2. 加强元知识体系建构

首先,高校思政教育元知识体系的建构要立足社会实践。历史唯物主义认为社会意识产生于物质资料、生产方式等诸多要素所构成的社会存在,社会意识的发展离不开社会实践的进步和社会关系的演变。因此,立足实践、促进个体的社会化,是构建高校思政教育元知识体系的观念基础。

其次,加强对历史材料和现实经验的归纳与整理。对近代以来,尤其是建党以来思政教育的发展历程进行系统梳理,可以得出高校思政教育的发展规律。只要具备相应条件,社会规律可以反复作用,更加有效地促进社会实践正向发展。

最后,要强化规律系统内各层次之间的交流。高校思政教育的三个层次,即宏观规律(产生和发展规律)、中观规律(管理规律、工作规律和过程规律)和微观规律(教育规律和接受规律)之间存在着密不可分的联系,微观规律的发展和作用能够促进中观规律和宏观规律积极发展,宏观规律的进步又能作用于中观

规律和微观规律的发展。强化各层次规律之间的交流，使教育主体全面把握三个子规律，元知识体系才能更加成熟。

3. 推进基本理论的系统化发展

基本理论是高校思政教育的生命基础，高校的教育主体需要在理论体系已经具备一定系统化水平的情况下，进一步整合和探索。高校思政教育基本理论的进一步系统化，就是要不断对马克思列宁主义、毛泽东思想、中国特色社会主义理论体系的理论进行系统整理与反思。高校思政教育基本理论的进一步系统化过程要注意以下几点。

第一，要将基本理论与实践基础相统一。为实践基础划分出明确的范畴，将此范畴内所进行的理论研究作为基本理论系统的核心部分，能够实现理论的系统性与实践的针对性相统一。

第二，要将基本理论与思政教育理论基础相统一。实现基本理论与理论基础的统一，就是要将马克思列宁主义、毛泽东思想、中国特色社会主义理论体系的理论作出科学的解读并有效应用，要树立马克思主义的世界观和方法论并积极运用，在理论研究过程中不断进行反思，保证理论的科学性。

第三，要将基本理论与邻近学科的理论前沿相统一。高校思政教育学科建制所面临的问题之一在于学科理论系统缺乏开放性，系统内的要素与外界缺乏信息交流。要加强邻近学科间的互动，就要与邻近学科和交叉学科的学术前沿专家与学者积极对话、借鉴交流，相互促进、共同发展学科理论。

（二）优化学科社会建制质量

社会建制是学科成熟发展的物质保障，也是思政教育的优势所在。在优化本学科社会建制的方式问题上，我们重点讨论如何以优化机构设置和加强制度建设，来提升高校思政教育科学化水平。

1. 加强宏观控制，调整机构设置

首先，整合现有学科组织。在行政系统的促进下，绝大多数高校马克思主义学院的各方面建设均取得了良好的成绩。但作为发展中的学科，建制性的思政教育理论研究系统和实际工作系统的组织化程度有待提高。提高现有学科组织化程度，仅仅依赖各高校的马克思主义学院工作是不够的，必须上升到更为宏观的视角。通过全国和各地方的统一规划和合理控制，加强思政教育研究会、思政理论教学指导委员会等机构的建设，可普遍提高各高校组织化程度。

其次，建立理论基础和实践教学两大系统的交流机制。要实现两大系统的交流和沟通，机制的保障必不可少。理论基础的科学化旨在丰富高校思政教育的教育内容，实践教学系统的科学化目的，在于使教育内容的应用更加具体化，两大系统之间存在自发的联系，在多次交流的基础上必然形成相应的交流机制。但我们不能被动等待交流机制形成，必须主动扩大经费投入，加大建设力度，建立相应的机制保障，实现理论与实际的结合应用。

最后，充分利用各种社会资源为优化学科社会建制服务。近年来，哲学社会科学的发展受到国家和社会的广泛关注。作为一门理论性与应用性并存的学科，思政课程所具备的社会资源已十分丰富，表现为科研经费逐年递增、各类红色资源面向高校无条件开放等。高校要合理利用社会资源，科学分配科研经费，充分发挥资源优势，达到优化学科社会建制的目标。

2.理论联系实际，构建制度体系

保证制度内容的合理性。科学的制度内容能够带来主体的价值认同。高校思政教育制度的合理性在于其内在实质与外在逻辑的一致性。具体表现在制度形式、内容与学科内在规律的一致性，二者的一致性越高，则制度的合理性越强。在制度制定的过程中，制度规则必须遵守制度理念，并具有相对稳定性，在一定时间段内制度主体都能够适用，不可随意改变。保证制度体系的可操作性。制度现实性的实质在于理论和实践的一致性，即可实现性和可操作性。

二、高校思政教育主体建设的科学化

高校思政教育科学化的最终目的在于使学生全面发展。人才培养是师生相互作用的过程，主体建设的重要性不言而喻。主体建设不能一概而论，要有一定的针对性，要坚持辩证唯物主义矛盾分析方法的哲学思辨，从两大主体的特殊性出发，对症下药，实现高校思政教育主体建设的科学化。

（一）加强教师主体建设

高校思政课教师主体主要包括思政课教师、辅导员、党政干部和团委干部、心理健康教师。要全面提高教师的整体素质，必须兼顾教师主体的每一个组成部分。

1.建立高校思政课教师培训体系

加强思政课教师队伍建设，就要培养一批政治立场坚定，理论基础深厚，职业理想崇高的骨干思政课教师。为此，各高校要建立完善的思政课教师培训体系。

2.构筑高校辅导员队伍科学模式

辅导员是教师主体中与学生联系最为密切的部分，是高校日常思政教育的责任主体。确保辅导员队伍科学发展，不仅要按合理比例确定辅导员的数量，明确辅导员的职责范围，还要对辅导员队伍进行定期培训与考核，并严格按照考核的结果对辅导员工作作出评优奖励，以确保辅导员的工作热情。

3.明确党团组织职责分工

高校的党团组织承担着组织实施思政教育工作的重要责任，明确组织内分工有助于发挥党团组织自身的优势，提高思政教育各项活动的实施效率。在宏观政策制定的过程中，要发挥领导层的方向性作用，在各项具体工作的开展过程中，要依靠学院中层、基层党团组织的力量。

4.组建专业心理健康教育队伍

高校思政教育总目标与心理健康教育总目标具有内在一致性，即实现学生的自由全面发展。开展高校思政教育者主体建设的重要途径之一，在于组建专业的心理健康教育队伍，并使其与思政课教师相结合，充分发挥高校思政教育德育功能与智育功能的统一。组建专业的心理健康教育队伍，最重要的是人才，除制定严格的准入制度外，还应对已经迈入队伍的思政课教师进行系统专业的训练，增强思政课教师的心理辅导意识和行为矫正能力。

（二）加强学生主体建设

基于高校学生这一特殊群体自身的优势和不足，学生主体建设工作的重点在于对学生开展主体性教育和价值观教育，增强学生的个体自信和民族自信，培养学生的主体意识、提高学生的政治素质。

1. 以主体性教育激发学生内在教育需求

发展学生的主体意识，引导学生独立自主、自觉能动地进行认识和实践活动，是主体性教育的最终目的。高校思政教育学生的主体性教育，可以从以下几个方面入手。

首先，培养学生主体意识。主体意识代表着学生内在的教育需求，主体意识越强，学生的教育需求就越强，越能得到更健全的发展。为启发学生的主体意识，教师应树立新的教育理念。要尊重学生的主体地位，为学生保留自我学习的时间和空间，以学生组织（如学生会、社团）作为学生自我教育的平台。要积极肯定学生的工作，并引导大学生以各种形式的实践活动创设和谐、民主的校园文化环境。

其次，增强学生主体能力。主体能力主要指学生的自控能力、学习能力和创造能力，具备主体能力能够使学生独立自主、自觉能动地计划和规范自己的学习活动，并取得良好的学习效果。最了解学生教育需求的人是学生自己，增强学生的主体能力，就是培养学生的自主性和创造性，使他们成为自己活动的计划者和实施者。

最后，塑造学生主体人格。主体人格是学生思政修养的综合性概括，是学生人格尊严、价值观念和道德品质的总和。高校思政教育的意义不仅在于传授思政理论知识的工具性价值，更表现在完善学生人格的目的性价值上。塑造学生主体人格，就要在思政教育实践活动中引导学生进行价值判断和价值选择，并增强学生的抗压能力和应变能力。

2. 以价值观教育坚定学生的政治立场

单纯依靠学生的内在教育需求，不足以保证学生主体建设的有效性，外在的教育行为是更有力的实施力量。学校应该永远把坚持正确的政治方向放在第一位，学校教育对树立学生科学的理想信念，塑造学生坚定的政治立场，具有更强大的指导力量。

第一，以价值观教育树立学生崇高的社会理想。实现学生对核心价值观的认同，有助于树立学生共同的理想信念，增强学生主体的凝聚力。

第二，以价值观教育提升学生思想政治素养。学生的思想政治素养一方面来自学生的自我发展，另一方面来自教师的传递。价值观教育能够实现学生的"知行合一"。教师要用社会主义核心价值观引领校园思潮。学校要坚持统筹协调，强化教育实践，巩固网络阵地。鼓励学生追随、宣传、践行社会主义核心价值观，从而提高学生政治素养。

（三）强化师生的双向互动

教育教学活动不是一个单向灌输的过程，需要师生的双向互动。主体间的互动效果直接影响主体建设的科学化水平，互动效果好，主体双方则共同发展，互动效果差，主体建设就失去了意义。强化主体间的双向互动可以采用以下几种方式。

1. 拓展互动空间，充实互动内容

当新媒体发展到一定程度，教师可以利用新媒体与学生实现沟通与交流，两大主体的互动空间就不再限于高校思政课堂，互动内容也摆脱了传统理论的桎梏。

第一，互动空间从高校思政课堂教育拓展至课外教育。互动空间的拓展意味着两大主体有了更多的互动时间，教师应充分利用新媒体带来的时空优势，在高校思政课堂教学之余，利用新闻资源和数据资源为学生带来积极的影响。有了一屏之隔，学生更愿意表达自己内心的观点，通过虚拟的社交平台反而更容易得到学生的真实看法和态度，而这些信息在高校思政课堂上无法被捕捉。教师要充分把握这一资源优势，利用社交媒体，以平等的姿态与学生进行心灵交流，并加以适当引导。

第二，互动内容由学习互动发展到实践互动。提高认识的目的在于更好地开展实践活动，仅对学生进行理论知识传授的教学活动是不完整的，还要将理论知识的传授与实践活动能力的培养结合起来。在此过程中，思政课教师作为认识和实践的引导者要肩负起辅助者、促进者的角色，积极进行实践性教学，促进学生将所学知识内化成行为准则。与此同时，教师还要加强与学生的情感互动，增强学生对思政课教师行为的认同，并主动规范自己的行为，达到知行统一的教育目的。

2. 创新互动方式，优化互动质量

第一，将师生互动与生生互动结合起来，共同激发学生的能动性。一方面，学生和教师互动是主体间互动的基本形式，但学生和教师之间的互动不是单向问答，而是双向交流，相互促进，共同发展。另一方面，生生互动可以增强学生的凝聚力，教师应为学生提供生生互动的空间和机会，引导学生团体协作，取长补短，共同完成学习任务。

第二，提高互动质量，激发教师的创造性。在主体间互动交流的过程中，互动的质量往往比互动的形式更值得重视；要提高主体间的互动质量，教师应转变观念，树立结果导向理念；切实设计有效方式，提升互动乐趣；使学生获得积极体验，使互动过程不再流于形式。

思政教育的过程不仅是书本知识的传递与学习的过程，更是价值观念和政治立场的形成过程，是学生认识能力和实践能力提升的过程。在此过程中，教师肩负着自我建设、引导学生自我建设及加强与学生交流合作的多重任务，应及时对教师与学生团队建设科学化过程加以反思，并纠正自身的不足，确保高校思政课教师与学生团队建设顺利有效地开展。

三、高校思政教育过程方法的科学化

（一）确立科学的教育目标体系

1.构建层次分明的目标体系

高校思政教育目标可以分为树立学生的理想信念、培养学生的爱国主义精神、对学生进行道德教育、实现学生自由全面发展四个方面。

各高校要按照总目标的要求，结合本校的办学资源和学生的身心发展规律，将总目标中的每个方面加以细化和分解，制定分目标。高校思政教育分目标的制定必须符合总目标的要求，并体现对总目标内容的安排和规划。例如，高校在制定分目标时可以按照年级划分。低年级学生教育目标的制定侧重于角色适应，引导大学生适应高校的课程安排，使学生掌握马克思主义的基本原理，并培育学生基本的爱国主义精神。高年级学生教育目标的制定可侧重于实现学生的全面发展，这里的全面发展不仅指进一步深化学生对于基础理论的掌握、民族精神的弘扬和道德品质的磨炼，更在于提高学生的综合能力，即研究能力、创新能力和实践能力。对于即将迈进社会的学生，其教育目标的制定可侧重于职业观教育，包括培养学生拥有正确的择业观念、职业规划方法和高尚的职业道德。

2.完善多维度目标管理体系

具备了层次分明的目标体系后,高校还需要通过完善管理体系,为目标的实施创造条件,完善多维度的目标管理体系。

第一,要加强科学的领导,领导本身是一项指向性的工作,领导者决策的科学与否决定了一个集体的发展是否正向。因此,领导组织必须层次分明,科学授权,合理分工。高校思政教育的目标管理是一种自我控制与自我管理,为保证目标制定与管理的科学性,高校思政教育分目标的制定和目标体系的实施过程需要校党委、教务处、学工处乃至各学院共同参与,将职、权、责加以合理分配。

第二,要培养高校学生目标管理的自治意识。高校思政教育的目标体系从制定到实施再到反馈,每个环节都离不开学生的参与。学生存在内在的教育需求,因此,学生对于外部教育并不完全被动接受,而是带有一定选择性。高校必须坚持以学生为本的理念,启发学生将外在教育目标与内在学习目标统一起来,实现目标的自我制定、自我实施和自我管理。这能够激发学生的学习意识,增强学生的管理能力,更有效地发挥学生主体地位,实现教与学的有机统一。

(二)实现教育方法系统化发展

教育方法体系是教师在高校思政课堂教学过程中为实现教育目标、完成教学任务而采取的所有程序和途径所构成的有机整体。高校思政教育方法系统包括言语系统、实物系统、操作系统和情感系统四大组成部分,相对地,常用的教育方法则包括陶冶法、探究法等。成功的高校思政课堂教学活动不可能仅依靠一种教育方法,教师应结合不同教育方法的优势,促进教学活动的发展。在优化教育方法体系的内部结构时,可以参照如下几个范式。

1.言语系统与实物系统相结合

在培养学生的知识与技能时,要注重言语系统和实物系统的结合,这里的实物并不完全指向实际物质,也指代模拟情境和新媒体作用下的直观实例呈现方式。言语系统能够塑造学生的形象思维,通过基本的语言描述可以使学生对原理产生感性认知和观念形象;实物系统则有助于促进学生的感性认识上升为理性认识,二者相结合更有效地指导实践。

知识与技能目标是教学活动的基础目标。高校思政教育的基本任务在于通过原理阐释向学生传递马克思列宁主义、毛泽东思想、中国特色社会主义理论体系基本知识、观点和发展规律，但过于强调抽象理论的教学容易使高校思政课堂教学偏离实际生活，降低教学内容的可吸收性，难以引起学生的兴趣，从而违背教育目标。因此，借助现有实例引导学生根据所学知识对实际问题加以逻辑推演和严密论证，最终得到问题解决的方法，是增强高校思政理论课教学实效的重要途径。

2. 适当灌输与启发教学相结合

谈到启发教学，就不得不正视言语系统和操作系统的相互作用。这里提到的灌输是一种适当的灌输，而非不考虑学生的接受能力一味地强"灌"硬"输"。由于马克思列宁主义、毛泽东思想、中国特色社会主义理论体系的真理属性和高校思政课堂时间的限制，教师不可能脱离最基本的言语系统而直接发挥其他系统的功效。言语灌输的关键问题在于哪些原理和经验需要灌输，哪些规律和能力可以启发。

适当灌输与启发教学的有机结合，有助于有效完成高校思政课堂教学的过程与目标。启发教学主张先将问题和情境抛给学生，启发教学是一种由浅入深、层层深入的教育方法，教师需借助逻辑清晰的言语表达，引导大学生积极发挥主体性作用，增强学生的主体意识。

3. 以理服人与以德服人相结合

注重将以理服人与以德服人相结合，就是坚持言语系统与情感系统的相互作用，从而达到高校思政课的教育目标。马克思主义哲学认为，在实践活动中，理性因素与非理性因素的作用不可相互替代。坚持以理服人，要依靠教师通过逻辑清晰的思政课堂讲授和对话互动，向学生传递基础理论，使学生认识到思政教育学科知识体系的真理属性；坚持以德服人，则要求教师通过发挥示范性作用，营造良好的道德环境，运用情境陶冶等方式对学生的道德认识和道德情感加以正向影响，从而增强学生的道德意识，鼓励学生作出积极的道德行为，实现知、情、意、行的内在统一。

综上，言语系统是高校思政教育方法系统的基础部分，无论要实现何种层次的高校思政课堂教学目标，都离不开清晰完整的言语表达。在此基础上，根据不同层次目标的实现要求，教师需要在结构化的方法系统内实现教学方法的最佳组合，从而切实优化高校思政课堂教学质量。

（三）注重实证研究和学术交流

研究方法的科学程度直接影响学术研究的科学化水平。实证研究是与形而上学的经验主义研究方法相对立的存在，随着时代发展和思政教育学科自身的发展，实证主义研究范式已成为社会科学领域内主导性的研究范式，是适合高校思政教育学科的学术研究方法。在加强实证研究的基础上促进高校主体间的学术交流，有助于实现各高校共同发展，提升思政教育理论体系的科学化水平。

1. 加强实证研究

这里的实证研究方法区别于西方的实证主义哲学。实证主义哲学将现象看作认识的根源，与马克思主义哲学主张的逻辑思辨方法完全对立。实证研究方法是逻辑思辨方法的基础，即科学研究的基础。可见，整理可感知现实的数据信息并作用于理论研究，系统描述现存世界的联系，是实证研究方法的主要特点。

高校思政教育带有很强的应用性。为进一步发挥学科的实用性，在学术研究中更要加强实证研究。辩证唯物主义哲学主张在有效进行实证研究的基础上，丰富逻辑思辨，增强学科理论体系的科学性。因此，加强实证研究能更好地指导我国社会主义建设实践活动。

2. 搭建自由化学术交流平台

良好的学术交流平台是高校思政教育内容和信息共享的有效载体，搭建气氛活跃、思想自由的学术交流平台，积极开展学术交流活动，有助于激励各方主体敢于交流、大胆创新，为开展高校思政教育实践活动奠定坚实基础。

首先，力求规范，体现学术交流平台的科学性和实效性。学术规范意识是学术活动的前提和基础，对于学术交流具有重要意义。学术规范规定着学术话语的基本体系和学术见解的呈现方式，要促进高校思政教育学术活动实现更全面的人际交流、校际交流甚至国际对话，必须引导师生遵守学术规范，树立正确的学术道德观。学术规范的水平还关乎学术交流的深度和质量，只有将学术规范严格化，在已有学术成果的基础上科学设定学术规范，准确把握核心问题，全面梳理现有资料，才能增强学术交流的实现，开展高质量的交流活动。

其次，着力创新，体现学术交流平台的多样性和组织性。构建一个繁荣的学术交流平台，就要创新学术交流的活动形式，通过相关著作的出版、开展系列学术报告、举办各类论坛、推进校际学术交流等多种活动促进学科内多元主体的相互借鉴，实现各种观念和思潮的碰撞，并激发学生的求知欲和研究灵感。此外，高校应充分重视思政教育学术交流平台的教育服务功能和组织管理功能，以日渐多样的交流活动为载体，使学生在活动过程中将交流成果与高校思政教育基础理论结合起来，并内化为自身的行为准则，丰富学科知识体系，促进学科专业化发展。

最后，结合当今国内外形势，体现学术交流平台的时代性和灵活性。学科知识体系不但包含基础理论，还包括对当代世界经济与政治现状的研究。面对国际关系的博弈与国内价值主体多元化的发展态势，高校思政教育的学术交流活动也必须具有鲜明的时代色彩。交流活动的内容与形式都要体现国内外的环境特征和我党所持的基本态度。

高校思政教育学术交流平台的建设应当坚持从实际出发，确保各方主体针对当前学科面临的疑难问题展开交流合作。在开展学术交流活动之前，各方主体应对学生的思想状况及其成因进行较为透彻的研究，并以学生当下的心理特征为前提开展活动，以保证学术交流平台的灵活性。

四、高校思政教育评价反思的科学化

对教育结果进行客观全面的评价，并将评价结果用以参考新的教育目标制定与实施，其目的在于更好地推进高校思政教学评价反思的科学化发展。

（一）科学设定评价指标体系

高校思政教学评价指标体系的科学化程度决定了评价活动的水平，因此，建立科学合理的评价指标体系成了教学评价的首要任务。高校思政教学评价指标体系包括指标项目、权重集合和量化方法三个组成部分，三个部分相互联系、共同影响教学评价指标体系的整体性功能。

1. 规定有效的指标项目

教学评价指标项目的制定必须与教育目的和教学目标保持一致。教学评价指标项目是高校思政教育目的的体现，是思政课教学目标的全面再现。如果教学评价指标项目游离在教育目标之外，教学评价将失去意义。因此，指标项目的设置应以学生的全面发展为基础，具有实践性和可行性，注重定量评价与定性评价的结合，保证通过测量能够得出明确结论，使指标项目得到广泛认可，具有切实的可行性。

2. 保证权重集合的信度和效度

权重集合代表着各指标项目之间的关系，体现了指标项目的系统性。指标项目是教学评价指标体系中必不可少的子系统，是各个项目相互作用的有机整体。作为一个整体，各指标项目的设置就要体现其结构性。评价指标要侧重于实际应用，以坚持从实际出发、收集第一手材料来确保权重集合行之有效。

3. 采用科学的量化方法

量化方法必须体现高校思政课教学评价指标体系的应用范围，并与教学评价的目的相适应。但出于高校思政课教学的群体性，要尽量确保量化方法简单易行，并制定一部分具体指标作为监控参数，如出勤率、及格率等。

（二）建立多维教育评价体系

从教学内容出发，将知识评价与价值评价相结合；从教学方法出发，将内在评价与外在评价相结合；从教育理念出发，将现实评价与潜在评价相结合。

1. 知识评价与价值评价相结合

第一，高校思政教育存在其知识属性。通过高校思政课堂教学，能够使学生掌握党和国家的指导思想和基本规范。对高校思政课进行教学评价要注重对高校学生掌握和理解知识的程度进行考试和考查，以考试和考查的各项结果为依据展开评价。这是对高校思政课堂教学的知识性评价。

第二，高校思政课的教学任务不仅在于向学生传授理论知识，培养学生解决问题的能力，而且还在于引导学生将所学知识内化为价值观念和行为准则。这是高校思政教育的价值属性，评价高校思政课的教学实效，必须以学生政治方向的科学性程度和价值取向的合理性程度为依据。

高校思政课教学的知识评价和价值评价是以教学内容为基础而展开的。当知识评价与价值评价都能得出合理结果，则可认为实现了成功的高校思政课堂教学。坚持知识评价和价值评价的有机统一，就是坚持了马克思主义关于成功所要坚持的真理原则与价值原则的统一。

2. 内在评价与外在评价相结合

一方面，高校思政教育的教育主体是具有能动性的人，教师会自觉对教育结果进行内在评价，也就是自我评价。自我评价的特殊性在于评价主体是教师本身，自我评价的标准，通常是教师对于教学效果的预估和高校思政课堂教学取得的实际效果之间的差异。内在评价有助于思政课教师及时调整教学方法，实现思政课教师的自我发展。

另一方面，仅仅依靠教师内在的自我评价而进行的教学反思是不全面的，改进教育手段和教学方法需要借助外在评价的辅助作用。外在评价包括学生对教师的评价、教师之间的相互评价和高校进行的各种教学评比活动等。外在的评价结果能够客观地反映教师教育过程中存在的问题，激发教师的团队合作意识和良性竞争意识，全面提升教师的教学水平。

3. 现实评价与潜在评价相结合

一方面，高校思政教育具有现实价值，包括知识体系的真理性、教育环境的客观性和教学方法的针对性，综合运用有效的现实要素，能使高校思政教育更好地为当下服务。现实评价是衡量高校思政教育现实价值的重要标准，完善高校思政教学的现实评价能够及时反映现实问题，切实提高教育效果。

另一方面，高校思政教育还会对学生产生间接影响，这种影响并不直接体现在学生的外显行为，而是发挥"后劲"，伴随着学生持续发展，这就是高校思政教育的潜在价值。从长远计，高校思政教育不仅要着力于现实价值，更要注重实现其潜在价值。

（三）合理运用教育评价结果

健全的评价指标体系和多维的教学评价方法，能够为教师带来有效的教学评价结果，科学合理的教学评价结果能够良好地发挥其导向、调控和激发功能，主导教学活动的实质倾向，使教学活动的重点问题显而易见。应鼓励教师对高校思政课堂教学进行评价，从而完善评价体系建设，促进教学活动进一步发展。

1. 主导教学活动实质性倾向

高校思政教学评价要以国内外环境为背景，以实现教育目的和教学目标为基础，以提高教学质量为目的展开。基于指标项目的科学性和量化方法的合理性，教学评价的结果带有客观性和公正性。高校思政课的教学评价结果能够为教师的发展提供参照坐标，通过分析评价结果，引导教师提升教学技能、改革教学方法、优化教学过程，发挥教学评价的导向功能，教学评价才具有现实意义。

2. 突出教学过程的重点问题

基于权责系统的信度与效度，教学评价活动得以既全面又侧重地开展，这使得教学评价的结果既具有全面性，又具有针对性。坚持在全面了解的基础上突出重点问题，就是坚持辩证唯物主义矛盾分析方法。教师通过对高校思政教学评价的结果进行数据化统计与分析，能够得出教学过程中存在的普遍问题与核心问题，并集中力量加以解决。

3. 激发高校思政课堂教学元评价意识

对高校思政课进行教学评价，目的在于更有效地开展教学活动。但教学活动是一个动态发展的过程，教学评价的指标体系和方法体系也要紧跟教学活动的发展。一旦教学评价指标体系和方法体系滞后于教学活动发展现状，评价活动将不再合理而恰当，就会产生一系列负面效应。这些现象从对教学评价结果的分析中就可以得出。理性分析教学评价结果，能够引导教师对教学评价的质量加以评价，即元评价。教育主体具备较强的元评价能力，有助于及时调整教育评价指标体系和方法体系，减少由于评价指标和方法不当带来认知上的偏差的情况。

第三节　高校思政课程实践教学基地的开发与使用

思政课程实践教学基地的开发和使用是一项系统性工程，在选择和建设过程中，需要坚持以下五种原则。

一、思想性与科学性相结合的原则

思政课程实践教学基地的开发和使用要坚持思想性和科学性相结合的原则，这是首要原则，是思政课程实践教学性质的直接体现。思想性意味着在开发和利用思政课程实践教学基地时，必须以马克思列宁主义、毛泽东思想、邓小平理论、

"三个代表"重要思想、科学发展观以及习近平新时代中国特色社会主义思想为指导,把这些内容作为指导原则,全面贯彻落实党的教育方针。以思政教育为核心主题,高度重视人的精神价值,专注于对大学生进行世界观、人生观、价值观、道德观和法治观的全面教育。

二、坚持目的性和实效性相结合的原则

开发和使用思政课程实践教学基地,必须服务于实现思政课教学的基本目标,并体现出教育的根本宗旨。只有在发挥其应有功能作用时才能真正做到立德树人之本。必须平衡思政课程实践基地的建设与教学课堂的主要阵地和渠道之间的关系,确保不偏离教学的基本目标和主要阵地、主要渠道。任何可能妨碍实现教学目标的实践教学基地建设都是毫无实际意义的。在思政教育过程中,实践教学基地作为一种有效载体和重要形式,其作用不可低估。因此,开发和利用思政课程实践教学基地,也需要确保其教育效果达到预期。通过在基地组织各种形式的实践教学活动,可以使大学生加深对理论知识的理解,并在面对重大问题时展现出坚定的政治立场和出色的思想政治品质。只有这样才能保证高校思政课程建设与发展目标得以实现,也为提高大学生综合素质打下坚实基础。

三、坚持主体性和系统性相结合的原则

在开发和使用思政课程实践教学基地时,必须充分考虑到学生的主体性原则。实践教学基地的建设是一个动态发展过程,只有在实践中不断调整充实才能适应时代要求,从而发挥其应有的作用。建设实践教学基地的初衷和最终目标是确保在实践教学活动中,从选择实践教学内容到应用实践教学方法和工具,再到评价方式的选择,都能充分体现出学生作为主体的自主性和参与性。只有如此,才能发挥好实践教学基地作为高校思政教育主阵地的作用。尊重学生的选择,与学生共同打造丰富的实践课堂。同时,在尊重学生主体地位的同时,还需坚持用系统科学的思想原则和方法,体现出整体性、有序性、动态性和开放性等要素。基地的开发和利用是一项系统性工程,从基地的选择开始,必须坚持实践教学的目的性和有效性,打造积极的实践教学环节。

四、统筹性与创新性相结合的原则

在开发和使用思政课程的实践教学基地时，需要同时考虑校内和校外的实践教学基地两大部分。这两个部分需要统一规划和整体建设，旨在完善校内和校外的教学基地，这不仅为思政课教师提供了更多的选择空间，也为学生创造了更为丰富的实践教学环境和场所。因此，学校内的实践教学基地应当充分发挥学校内部资源的优势，各个部门需要相互协作，以营造一个有利于实践教育的良好环境。校外教学基地的挑选标准是那些具备良好合作环境的机构，并逐渐构建相对稳定的教学基地，以确保实践教学能够顺利进行。目前国内许多高校都把发展校外实践教学作为重要任务，在推进校外实践教学的过程中，必须持有互惠互利的理念，这不仅需要社会的支持，还需要确保大学的教学内容能够与社会接轨，为实践教学基地提供必要的服务。目前大学生的思想观念和价值取向呈现出多元化趋势，这就需要对传统文化进行反思，将其融入实践教学活动中去。与此同时，在国际化的大背景之下，随着我国改革开放政策的持续深化，各种不同的观点和思想开始相互碰撞和交融，这无疑将催生出一系列新的现象和问题。因此，随着时代的进步，思政课程实践教学基地的开发和使用也必须不断发展，尤其是实践教学基地的内容布局需要与时代同步，不能僵化。只有这样才能保证实践教学质量的提高，培养出合格人才。创新性意味着在开发和利用思政课程实践教学基地时，必须以创新作为推动力，不断地更新实践教学基地的活动模式、内容和载体等，以开发和建设一系列符合时代、学校和大学生个性需求的实践教学基地。

五、覆盖性和安全性相结合的原则

在开发和使用思政课程实践教学基地时，需要进行全面思考。无论是思想教育、政治教育、道德教育、法治教育还是爱国主义教育都是必不可少的。不能因资源丰富而全盘接受，也不能因资源匮乏而轻易放弃。要把思政课程的理论与实践相结合，将其融入日常教学活动中来，并通过多种方式让大学生了解社会生活、参与社会实践，增强对社会主义核心价值体系的认同。必须始终坚守"以人为本"

的原则，把学生的需求放在首位。综合学生的性别、民族、成长经历和性格特点等多种因素，开发和利用思政课程实践教学基地，确保每位学生在实践教学中都能接受到真正有价值的教育。虽然实践操作中困难重重，但务必实现实践教育的全员覆盖。同时，思政课程实践教学基地的开发和使用必须遵循安全性的原则，特别是校外的实践教学基地，一定要建立各种突发事件的预警机制。

第五章　高校思政课程实践教学资源的创新利用

本章内容主要讲述高校思政课程实践教学资源的创新利用，共分为两节，分别探析高校思政课程实践教学中的文化资源和高校思政课程实践教学中的技术资源。

第一节　高校思政课程实践教学中的文化资源

一、基于红色文化的高校思政课程实践教学

（一）红色文化及其育人属性

红色文化是革命战争年代由中国共产党人、先进分子和人民群众共同创造并极具中国特色的先进文化，蕴含着丰富的革命精神和厚重的历史文化内涵。这些文化既包括可以接触到的文化痕迹，也包括经过内化的精神特质，是一种独特的文化形态。通过深入了解红色文化，可以更好地认识到中国共产党如何领导广大人民经历血与火的洗礼和坚韧不拔的奋斗，同时也能感受到中华民族为追求民族的独立和国家的繁荣所做出的巨大努力。河北省拥有丰富而多样的红色文化资源，如西柏坡精神和塞罕坝精神等，这些价值珍贵的红色文化应当作为思政理论和实践教育的生动素材。高校要充分挖掘和利用好地方红色资源，以增强大学生思政课教学实效性。

地方红色资源具有天然的教育价值，它所带来的政治教育内容既生动又充满

活力。高校作为培养社会主义建设者和接班人的重要阵地，应该把如何挖掘和利用好这一思想教育资源作为一项重大课题来探索。对大学生而言，这种政治学习和体验的记忆更为深刻，具有更高的教育启示意义。因此，在新时代高校思政教学中，应该充分发挥红色资源的优势，以增强教学效果。一些学者将红色资源的教育价值概括为对人的理想信仰的指导、党性的锻炼、人格的塑造等方面，从多个角度确认了其教育价值。红色资源所具有的独特性质，使其能够被整合进思政的理论和实践教育中，并在其中起到关键作用。它以生动形象的语言形式、丰富多样的内容，以及强烈的时代感吸引着大学生群体，是思政教学过程中不可或缺的一部分。

（二）红色文化的主要特征

红色文化有助于更好地设定人才培养目标，并促进学生的全方位成长。红色文化是中国共产党在其革命、建设和改革过程中形成的独特实践成果，拥有特殊的性质和特征。

1. 民族性

红色文化所蕴含的思想价值既独特又鲜明，是新时代加强和改进高校学生思政教育的重要途径之一。红色文化不仅是中国共产党自成立以来社会发展的重要记录，还深刻地展示了中国共产党在面对困境时的无畏精神、坚定的信仰和无私的事业奉献。它体现了中国共产党的明确政治立场和坚定的理想信念，是其伟大理想和卓越实践的集中体现，具有极高的思想价值和明确的意识形态。同时，红色文化也彰显出强大的生命力，可以使大学生树立起远大的人生目标。

红色文化不仅包含了丰富的文化内涵和历史精神价值，还展示了对党、人民、真理的忠诚和勇往直前的精神态度。这与大学生思政教育的培养目标在内涵上是一致的，能够为大学生提供正确的思想方向，其深远的思想内涵起到了价值导向的基础作用。在中国共产党不断壮大和发展的过程中，产生了一系列党史文献等红色文化，这些都极具思想深度，反映了中国共产党人对社会主义建设规律的深刻理解。充分利用红色文化，可以更有效地指导大学生坚守真理、坚守信仰和初衷。这不仅可以从理性、情感和感官等多个角度增强大学生的爱国信仰，还能进一步巩固他们的思想信念。

2.时代性

红色文化展现了鲜明的时代特色，是时代的产物。红色文化的诞生、塑造、丰富和演变都与历史的发展轨迹紧密相连，是在历史进程中逐渐累积和塑造出来的，人们可以深深感受到它所包含的深刻时代内涵。

3.艺术性

艺术性可以被定义为在形式、结构和表现手法上对形象的完美呈现，它能够通过艺术作品来展现生活的面貌，传达深沉的情感和理性的思想，并展示艺术作品的持久魅力。它是红色文化区别于其他类型文化的显著标志之一。在人们接触的红色文化中，最普遍的形式包括文学创作、戏剧电影以及音乐作品等，因此，红色文化拥有文艺作品的独特艺术吸引力和魅力。基于红色文化创作的文艺作品具有强烈的思想性、鲜明的政治性，以及对现实生活中各种矛盾冲突进行深刻而生动的描述，从而增强了红色文化的感染力。取材于真实生活的红色文化作品，可以帮助大学生更加深入地认识历史，并学习革命先烈的崇高精神。文学、影视和绘画等多种艺术形式都深刻地反映了那个时代的特色，它们是红色文化文艺作品的典型代表。这些作品以其独特的艺术魅力，使大学生在阅读和感悟时，能够深入经典作品所描述的那个时代，体验中国共产党人的高尚信仰和精神特质，从而增强高校思政课程实践教学的艺术吸引力。

（三）红色文化的积极作用

1.有利于培养学生社会主义核心价值观

红色文化与社会主义核心价值观有着密切联系，它们都有一个共同的目标，那就是实现中华民族的伟大复兴。"红色文化+社会主义核心价值观"这一模式，正是基于两者内在统一而提出来的。除了上述内容，这两者之间还存在一个相似之处，那就是它们都建立在马克思主义和中国优秀传统文化之上，这为它们提供了一个共同的思想支撑。通过生动而直观地展示和讲解革命人物和故事，可以让学生深刻感受到红色文化所包含的强大精神力量。

2.有利于学生了解红色历史，追寻红色足迹

红色文化为学生提供了了解红色历程的重要手段。应当充分利用好"红色文

化",使其更好地服务于思政宣导工作,在追溯党的红色历程和审视党的辉煌历程的过程中,吸取历史的教训,并深入理解红色的历史脉络。红色文化被视为党史学习的鲜活教材,应该将红色主题教育与党史学习、思政实践相结合,让学生通过红色文化了解革命历史、感悟红色征程,激发他们的爱国热情,从而实现思政课程的育人目标。

3. 有利于学生坚定理想信念

红色文化蕴含着深厚的文化意义,它在社会主义文化建设中扮演了不可替代的角色。利用红色文化进行爱国主义教育,有助于增强大学生对国家和民族的认同感。研究红色文化,可以使大学生有机会深入了解革命先烈的辉煌历史;研究红色文化,可以使大学生接受精神层面的教育和指导。

4. 有利于帮助学生抵制错误思潮

当前,我国正处于改革创新时期,随着市场经济体制改革的深入推进,人们价值观念发生了巨大转变。大学生正站在接触新事物和接收新信息的前线,他们的精神世界不可避免地会受到各种因素的影响。一些不良文化侵蚀学生的心灵,可能会导致部分学生出现政治立场不稳定、理想信念动摇的情况,甚至影响到党和国家未来事业的前途命运。红色文化代表了在革命和探索过程中所积累的宝贵文化遗产。通过学习红色文化,学生可以借鉴历史经验,强化学生对民族的自豪感和国家的认同感。

(四)红色文化在思政课堂的应用路径

1. 让红色文化进思政教学课堂

为了将红色文化与思政理论和实践教育相结合,首先,需要将红色文化融入思政课堂的教学中,这样可以帮助大学生树立正确的对红色资源的看法,并通过思政理论来深入了解和体验红色文化。其次,要把红色文化融入思政课教学之中,通过开展丰富多彩的主题活动、利用多媒体等手段激发学生情感共鸣、发挥教师榜样示范作用,以及运用多种教学方法强化课堂教学效果等途径来推进这一工作的落实。在当前阶段,思政课已成为高等教育学生的必修科目,其主要目的是引导学生确立正确的价值观。在红色文化的引领之下,希望学生能够产生深厚的情感共鸣，这不仅能增强大学生对红色文化的认同，还能使红色文化成为思政教育的重要组成部分。在思政课堂中融入红色文化，不能仅仅局限于传统的讲授方式。相反，可以通过播放红色影视作品和进行红色教育主题的深入探讨，来加深学生对红色文化的理解，从而提高思政教学的感染力和吸引力。同时，红色文化还能帮助大学生树立正确的世界观、人生观、价值观。要充分挖掘红色教育资源中蕴含的丰富内容，使之成为思政课堂教学不可或缺的重要教学资源。

2. 加强红色文化教育基地建设

红色文化代表了一种深厚的精神文化财富，这些财富通过人物的事迹、革命的历史遗址和纪念物品等多种方式展现出来，它们是中华优秀传统文化中不可或缺的一部分，对于政策制定和人才培养都起到了关键作用。为了确保烈士陵园、纪念馆等教育设施的完整性，必须对现有的革命旧址和文物陈列馆等教育设施进行有效保护。通过有效地整合战争时期的红色革命文化资源，可以构建一个科学且合理的教育体系，为高校的思政教育提供必要支持，以艰苦奋斗的作风和自强不息的品格，来鼓舞大学生树立正确的世界观、人生观、价值观。此外，还要利用学校现有的教学资源和平台，更好地为红色文化教育基地服务。

3. 创新教学方法，充分调动课堂氛围

教师在备课时应当主动寻找与专业相关的红色文化资源或该专业的学科发展史等，将这些资源融入课堂教学中，给学生传递人文情怀；也可以让教师结合自身所学专业和地方特色来讲述本地区历史、风土人情等，这样不仅能够激发学生学习兴趣，还能加深对知识内容的理解。需要强调的是，教师应当站在学生的角度思考问题，从他们感兴趣的方面去思考，以实现教学效果的提升。教师需要改进和创新思政课程教学方法，强调学生的中心地位。教师应鼓励学生围绕课题自行收集和讨论与红色文化相关的知识。教师可通过创设情境激发学生学习兴趣，利用多媒体技术辅助课堂教学。通过图片、视频等帮助学生更好地理解与掌握所学知识，同时还可以增强课堂教学效果。

二、基于传统文化的高校思政课程实践教学

（一）传统文化的价值

1. 蕴含中华民族传统美德的人格修养

在中华传统文化中，儒家文化占据了核心地位，而儒家文化的中心思想则是伦理和道德。从这个角度看，中华传统文化无疑是传统美德的完美展现。孔子强调，在开始学习知识之前，个人品格的修养是不可或缺的，子曰："弟子入则孝，出则弟，谨而信，泛爱众，而亲仁，行有余力，则以学文。"[1] 我国当代大学生要想获得长远发展就需要不断提升道德素质，而传统美德则可以很好地促进这一过程的开展。在当前的发展阶段，为了实现个人成长，学生必须不断完善自己的人格，并重视修身养性、注重道德品质的养成。

2. 以爱国主义为核心的民族精神

民族精神是一个民族在历史长期发展当中，所孕育而成的精神样态。中华民族形成了以爱国主义为核心，团结统一、爱好和平、勤劳勇敢、自强不息的伟大民族精神，在当代的思政教育中也起到了至关重要的作用。将传统文化教育与民族精神相结合，不仅可以使我国优秀的传统文化得以传承，而且还能为大学生树立正确的世界观、人生观、价值观奠定坚实的基础。这样做不仅可以通过多样的艺术手段让学生深入理解传统文化的丰富内涵，还有助于提升他们的文化认知和责任感；还能使学生形成良好的道德品质与健全的人格，从而促进自身综合素质的全面发展。因此，要充分发挥思政课程实践教学的功能。思政教育的实践活动包括参观博物馆、纪念馆，参加社会公益活动等。通过这些活动，可以增强学生的民族自豪感和国家认同感，激发爱国主义精神，致力于推广中华优秀传统文化。

（二）传统文化在校园传播的可行性

中华的传统文化承载了数千年的历史沉淀，体现了民族的独特气质和核心价值，应该在充满活力的大学生群体中广泛传播并进一步推广。随着新媒体时代的到来，网络等多种传播媒体成为当代社会最主要的信息来源，也给大学生带来了

---

[1] 孔子. 论语 [M]. 沈阳：万卷出版公司，2009：8.

全新的学习方式以及交流渠道，同时也改变了他们原有的思维模式与生活方式。

鉴于大学生对手机和移动互联网的广泛使用，高校宣传部门和思政工作人员应当采用融媒体手段来传播校园的传统文化。将传统文化融入大学生思政教育之中，既能满足学生对优秀传统文化的好奇心与求知欲，又能提高大学生的人文素养、促进其全面发展，使大学生成为传统文化的有效传播者。

首先，可以借助思政课来推广校园的传统文化。当前高校融媒体环境下的思政课教学改革，就是在传统的思政课教学中融入慕课、微课、在线视频观看与研讨等媒体手段，利用融媒体，在思政课上将传统文化渗透其中。如将《弟子规》中积极的内容做成动画视频，让大学生仿佛置身于几千年前，了解古人的"孝悌"之道。再如将中华茶道融入学生喜爱的语言文字符号，做成短视频，让学生了解博大精深的中华茶文化等。

其次，可以利用校园官微（以下简称"官微"）等渠道传播传统文化。几乎每所高校的所有学生都关注着自己高校的官微并且每天浏览。因此可以由校园官微的主管部门，一般是校党委宣传部门，在特殊的节日，推广有关传统文化的内容。

最后，可以鼓励对传统文化了解并感兴趣的同学开设自媒体，在同学中推广。比如有的同学对"红学"非常感兴趣，对《红楼梦》中很多经典词句倒背如流，辅导员或者学院就可以鼓励他开设以"红学"为主题的公众号。这种公众号可以依托于校园官微，供校园有相同兴趣的同学交流互动。

（三）传统文化融入大学生思政课程的必要性

1. 有利于传承中华民族的优秀传统文化

对于每一个主权国家而言，文化的传承都显得尤为关键。只有通过有效地继承与发展才能使民族生生不息、发展壮大。我国是一个有着五千多年历史文明的文明古国，其中蕴含着丰富的优秀文化资源，这对大学生来说具有非常重要的意义。一个国家的核心精神是其传统文化，这也催生了卓越的民族精神。如果大学生这一杰出的群体能够积极地参与传统文化的研究和学习，那么这将对他们的个人能力和整个社会的进步产生巨大推动力。在历史的长河中，无数英雄豪杰的事迹已经被后人所铭记，他们身上表现出来的爱国主义情感更是值得大学生去发扬与传承。在抗日战争时期，许多英勇的人物为了拯救国家和人民，毫不犹豫地献出了自己的生命，这种伟大的爱国行为正是爱国主义精神的体现。

2.有利于丰富高校思政课程的内容

中华优秀传统文化代表中国人几千年的智慧沉淀，其中包含着许多科学的哲学理念和方法，这些都为当代高校开展思想教育工作提供了非常好的资源基础。如果将这些哲学理念融入大学生的学习课程中，不仅丰富了思政课程的内容，还实现了更好的教学效果。

深入并完整地结合中华优秀传统文化的深厚含义和核心精神，将对中华传统文化的道德建设和思政教育的价值增长产生积极的推动效果。对大学生来说，持续地在思政教育中融入中华优秀传统文化知识，不仅有助于正确塑造个人价值观，还能更好地帮助学生树立起良好的道德修养，促进社会文明发展水平的提高，培育立德树人的核心价值观。所以在当前新时代背景下，如何更好地丰富大学生思政课程的内容是需要思考的一个重要课题。对高校来说，在进行思政教育的过程中，应当通过合适和高效的手段将中华传统文化融入其中，以便让其最大程度地发挥其价值和作用，并进一步丰富思政教育的课程内容。

3.有利于培养大学生的民族自豪感和国家认同感

爱国主义不仅是一种精神上的认同，更是一种内心的共鸣。中国拥有数千年的悠久历史，其能够持续存在和发展的一个重要因素就是拥有超强的民族凝聚力。这种凝聚力激发了不同时代的人们勇于奋斗和斗争的巨大力量，它一直作为一个重要的精神支柱，深藏在人们的内心。强烈的民族自豪感和国家认同感是民族凝聚力的关键。

在改革开放政策实施后，科技飞速发展，经济持续增长，社会主义核心价值观在这种多样化的思想背景下逐步完善。随着国际化进程加快以及互联网技术普及，人们受到了国外一些国家和地区的风俗习惯及价值观念的影响。在这样的社会背景下，高校应当在大学生的思政教育中有效地融入中华优秀传统文化，重视传统文化教育，培养大学生爱国主义精神。

第二节　高校思政课程实践教学中的技术资源

一、VR 技术在思政课程实践教学中的应用

（一）VR 的概念

VR 全称 Virtual Reality，其中文名字叫"虚拟现实"，可从狭义和广义的角度对其进行划分：狭义的 VR 技术是指通过计算机或融入式设备来模拟虚拟世界，为用户提供视觉、听觉、嗅觉和触觉的真实体验，使人感觉仿佛身处其中，实现超越模拟的效果。广义上的 VR 技术涵盖了所有与之相关的模拟仿真所需的软硬件，以及所采用的各种技术和方法。通过人机互动，实现了现实与虚拟空间之间的无缝融合，让人们完全沉浸在逼真的环境中，从而达到部分或全部的视觉效果，这种技术被统称为"VR 技术"。

从计算机和信息技术的角度来解释，VR 技术是一种基于计算机技术、传感器技术、仿真技术等多种先进科学技术开发的新型人机交互技术；从教育和培训的角度来解释这个概念，VR 技术利用计算机模拟来创建一个沉浸式的三维虚拟空间场景，用户可以以 360° 全景的方式看到这个场景，VR 设备能模拟人的听觉和触觉，为用户提供身临其境的体验。VR 技术的概念定义有其特定的侧重点，这是因为学者们在定义其概念时，往往会将其与自己的研究领域相结合，以强调其在研究领域的重要作用。

（二）VR 技术应用于思政课程实践教学中的作用

1.促进了师生双主体的形成

将 VR 技术融入思政教学中，与建构主义的学习理论相契合，并具备了相应的理论支撑。基于"互联网+"思维，运用 VR 技术构建思政课堂是一种有效的教学模式，可以提高思政课教学效果。学生能够主动地构建知识的含义，从而形成自己的经验、阐释和假设，而教师则从外部环境为他们提供支持。将 VR 技术整合到思政课的教学过程中，使得教师和学生都成为思政教育的重要参与者。教师成功地创建了一个虚拟环境，在这个环境中，学生能够主动地思考、构建知识

和表达情感，从而更好地理解和掌握思政知识。同时，也可以促进师生之间的互动与沟通，实现思政教育的目标。

2. 突破了时间和空间上的局限

在高校中，思政课的教学，特别是实践性的教学，常常会受到时间和空间的制约，还会受到教学资源分配的不平等等多种因素的影响。VR 技术的运用让学生完全沉浸在 VR 世界里，打破了传统的时空限制，使得教师能够在任何地点完成相应的教学任务。相较于传统的实践教学方法，VR 技术在实践教学中展现出更高的便捷性和更好的效果，这不仅有助于更高效地利用教学资源，还能让学生深入体验并获得真实的教学信息，同时还能培养学生对事物的观察分析能力以及创新意识等综合素质。VR 技术不仅具备出色的创意性、创造性和超现实力，其远程虚拟现实的强大功能也为突破时空界限、节约和优化教学资源，以及提升学生的学习效率提供了坚实基础。

3. 丰富了教学内容，提高了教学效果

伴随着时代的演变和科技的迅猛进步，VR 技术所构建的虚拟现实场景变得更为信息化、逼真化、人性化。在这个环境中，课堂不再是老师的讲台，也不是学生的教室，而是师生互动交流的场所。教师利用 VR 技术在虚拟书籍中模拟人物事件，通过客户端进行操作，系统地、有策略地、有目标地指导学生。这样的教学方式不仅使课堂氛围活跃起来，还能激发学生学习兴趣，提高教学质量。在 VR 背景下，学生们与虚拟世界的舞台进行了自然的互动和相互影响，从而产生了一种仿佛身处其中的深刻感受和体验。同时，学生还能借助计算机平台对历史文物或史料进行查询，并将结果以图片或者视频形式展现出来。VR 技术的实施依赖于庞大的数据库环境。在这种沉浸式的 VR 环境中，学生能够通过 VR 设备主动地检索大量的信息，这不仅激发了他们思考的热情，还增强了他们的动手和思考能力，从而极大地提升了思政课的教学效果。

（三）VR 技术应用于思政课程实践教学中存在的问题

1. 成本方面

VR 技术作为一个新兴的技术领域，因其开发的困难性和产品的高昂价格，在各大院校中推广和普及起来有一定困难。在高校中，VR 技术被广泛应用于思政教学中，不论是自主研发还是购买相关的 VR 教学产品，都需要投入相当多的资金。对于那些教学资金有限的高校来说，大规模地将 VR 技术融入思政教学是一项具有挑战性的任务。在"VR+高校思政课"的教学活动中，投入最多资金的无疑是内容的制作。无论是作为教学渠道还是超级教室，都需要用户为这些高质量内容的制作买单。一堂高质量的 VR 高校思政课程，是由一线教师、专业策划师等多位工作人员共同完成的，涉及多个学科领域。由于工作人员众多且制作流程复杂，这无疑使得"VR+高校思政课"的投资成本相对较高。高校需要不断更新思政课程的教学课件，以补充其不足之处，并更有效地服务于教学活动。

2. 教师方面

将 VR 技术融入思政教学是一种创新的教育方法。它不仅可以让抽象复杂的教学内容变得直观形象，还能帮助提高课堂效果。从心理学的角度看，当使用 VR 技术进行教学时，不同的教师会根据自己的心理认知，产生不同的教学兴趣和态度，并根据自己的背景产生不同的想法。教师在面对新技术使用能力不足、无法创设大数据环境、无法与技术人员进行有效沟通等问题时，是否能提出有效的解决方案，这些都是未知的。

将 VR 技术整合到思政教学中，对思政课教师提出了更高的标准。它为教师带来了创新的机会，需要思政课教师具有扎实的专业知识和技能，以及良好的心理素质和职业素养。为了更好地服务思政课的教学，教师在操作 VR 技术时必须具备高度的熟练度和扎实的技能，同时还需要拥有扎实的 VR 技术基础，并能够熟练掌握 VR 设备和相关的配套设施。在使用过程中，教师不仅需要熟练掌握各种技能，还应该学会如何与学生交流互动，了解不同学生的需求和喜好。同时，教师需要摒弃传统的教学方式，探索一种更适应虚拟现实环境的教学方法，并能够熟练掌握一整套 VR 教学设备。这样，他们就能根据当前的教学需求制作出相应的教学课件，并根据时事热点不断添加新的教学内容，使得思政课变得更加生动、内容丰富和有意义。

3. 内容方面

在传统教育中，教师往往会通过讲解、示范等方式来引导学生进行学习。随着 VR 技术的广泛应用，思政课的教学模式和策略也需要相应地进行调整。根据学生在认知和情感方面的不同需求，教师需要不断地更新他们的教学方法和策略，这需要一个适应和调整的过程。此外，由于VR技术的固有局限，将VR内容整合到教学体系和教学系统中也面临着不小挑战。在具体实践中，教师需要考虑到学生特点、课程内容等因素，来确定适合自己的教学方式。如果严格按照思政课程的教学目标来设计所有内容，这将是一个非常困难的任务。然而在教学过程中，只有当教学内容是体系化的时，教学效果才能得到真正的体现。所以在具体应用时需要结合学生实际需求来制定合适的教学计划。从现有的状况来看，VR教育的资源相当稀缺，难以构建一个全面的教学框架。在此背景下，如何利用虚拟现实技术丰富思政课堂教学就显得尤为重要。

为了激发学生对国内外重大事件和当代社会巨变的关注，加强他们的社会责任感，以及加快最新理论和实践进入课堂和思维的进程，思政课的教学应遵循"因事而化、因时而进、因势而新"的原则，紧密跟随时代发展和理论创新的脚步。当前，VR技术在内容制作上耗费了大量的时间和资金，所生成的教育资源大多还处于各自的使用模式中，还没有建立起共享的机制，也没有进行全面的顶层设计，缺少一致的规划和标准。

（四）VR应用于思政课程实践教学中实施的原则

1.VR技术教学形式多样

随着信息技术的飞速发展以及互联网时代的到来，传统教学模式已经不能满足社会对人才发展的要求，也不符合当前思政教育工作需求。在新媒体和新技术的大背景之下，"互联网+教育"的概念在全球范围内变得非常流行和受欢迎。将VR技术整合到高校的思政课程中得到了广泛推崇，这种方式可以实现技术与思政教育的高度整合，从而实现思政教学效果的最大化。在思政课的教学和科研方面，高校高度重视与实际情况的结合，在不断的创新中追求实际效果，在改革进程中寻找新的方向，并在持续发展中寻找生存之道。为了使高校的思政教学从单一模式转变为多元化模式，高校需要采纳内容丰富、满足学生需求、广受学生喜爱的思政课程设计。

2.VR技术为教学内容服务

在高校的思政课程教学中，将VR技术整合到思政课堂中，可以打破传统高校思政教学的弊端。在追求课堂教学实效性的基础上，进一步探索创新的课堂教学方法，寻找教学新方式。高校思政课的教学目标是以内容为核心，以技术为辅助，合理分配两者的比重，以避免因追求细节而忽视整体。思政课的教学目标和本质直接决定了课程的设计，在当前高校思政课教学改革中，教师应当坚持理论联系实际原则，注重引导和启发作用，并通过多种方式方法来提升教学效果。在思政课教学过程中，无论是从其教学目标还是从其教学内容来看，都是为了追求教学的最大效果，把教育和培养学生视为首要任务和最终目标，而其他的都只是起到辅助作用的角色。在进行思政课程教学时，应避免盲目追求新颖的教学方式和以吸引学生注意力为最终目标，也应避免过度强调和突出技术的重要性。

3.VR 技术为思政课教师服务

教师在传授知识、解答疑惑方面的核心角色始终保持稳定。在这种环境下，部分思政课教师的教学行为发生了变化——从原来的知识传授者变成了知识接受者，进而导致教学效果大打折扣。但是，随着新媒体和新技术的出现，它们的卓越性能逐步得到公众的认可，甚至出现技术代替教师的说法。但是，作为思政课堂教学的核心参与者，教师的关键作用是显而易见的，他们是不可取代的。将 VR 技术整合到高校的思政课程中，其作用发挥的利弊完全是由教师来决定的，而不是 VR 技术本身。在思政课教学过程中，"主体"与"渠道"的关系控制，以及它们所占的比例，都需要重新聚焦思政课的教学目标和最终目的，以及是否始终坚持以人为核心来进行教学和实践活动。教师在教学过程应当正视 VR 技术的长处和短处，充分利用其优势，摒弃其短板，以确保思政课的教学效果达到最佳。

（五）VR 技术应用于思政课程实践教学的有效实现路径

1.教学方面

（1）课堂

在"互联网＋教育"逐渐成为教育的核心趋势，众多学科都在努力构建"互联网＋"的教育模式时，高校的思政课程成为意识形态建设的主战场，肩负着培养社会主义建设者和接班人的重要使命。面对新形势、新任务、新形态，传统教学模式已经不能满足思政课改革发展和大学生成才的要求。为了成功实施"VR＋思政课堂"的教学模式，需要在"三模式"框架下精心构建"VR＋思政课堂"的教学体系。一是建立线下的"VR+思政课堂"教育模式。充分利用VR技术的优势，大力投资于硬件设施的建设，营造思政课堂的文化氛围，创新思政课堂的教学理念，努力创造新的形式、内容、理念、实效的新思政课堂教学效果，实现新时代与时俱进的"VR+思政课堂"教学。二是构建线上的"VR+思政课堂"教学模式。借助网络信息技术手段和移动设备，依托云计算、大数据等现代信息技术开展线上线下混合式教学，形成立体化、多元化的高校思政课堂教学模式。根据互联网的优势，可以实现不同学院和地区的"VR+微课思政课堂"教学资源的共享。三是构建一个结合了线上和线下的"VR+思政课堂"的教学策略。遵循"教育三个面向"的教学理念，努力实现线上线下、网上网下的协同发展，构建具有时代感和人文关怀的新媒体环境，以增强思政课教学实效性。

（2）教学内容

将VR技术应用于思政课教学中的核心目标是创造高质量的课程内容，而不只是简单地展示一个场景。为此，需要扩展思政知识的应用范围，精心选择课程的关键内容。在此基础上，构建起多元化的网络学习资源体系，丰富思政教学内容，增强其趣味性。为了增强思政教学的效果，需要利用VR技术呈现的教学内容，让学生对思政课产生兴趣，从而充分体现思政课的教育意义；同时，还要在教学过程中注重实践环节的运用，让学生体验到学习思政课带来的成就感和满足感。教师要将思政教学内容与其他学科知识进行深度整合，以增强教学效果，利用VR技术展示的内容来激发学生的学习热情，最大限度地激发学生的主动性和积极性，从而在情感、思维和道德等多个领域促进他们的全面成长。

（3）实践教学

首先，现场实践教学和虚拟实践教学互补。可以利用虚拟现实技术将课堂上教师讲授的内容进行直观化展示，并结合相应案例让学生深入学习。对于思政课的理论知识，更为关键的是让学生产生思考、领悟，并将所学应用于实践中。通过虚拟场景的呈现和交互操作等方式，让学生更加深入地理解知识内容，提高学习兴趣。其次，在虚拟现实环境中实施"VR+思政"的实践性教学。利用VR虚拟现实的强大特性，突破时间和空间的束缚，让学生在家中就能体验到不同区域的实践教育。伴随着"互联网+教育"和大数据技术的进步，网络课程资源的共享已经被广泛接受。各个高校精心设计的高质量思政课程实践教学也能达到资源共享和协同发展的目标。最后，采用虚拟创新的"VR+思政"实践教学方法。"VR+思政"实践教学的内容和设计并不是固定不变的。可以在已有的实践教学基础上，结合历史事实，进行人为内容的整合、提升和创新，从而创造出独特、内容丰富且富有意义的"VR+思政"实践教学课程。

（4）教学方式

采用学生讲解、深度体验、个性讨论的教学方法，可以激发学生的学习兴趣，并加强他们的实际体验。利用VR技术和网络信息技术创设情境，以案例分析为载体，开展自主学习。

将"理论+方法"融入课程之中，从而培养出适应时代发展需要的高素质人才。综合教学是一种将传统课堂教学与虚拟实践教学相结合的方法，它融合了多种教学策略、内容和工具。这种教学模式有利于培养学生分析问题和解决问题的能力，从而达到全面提高教学质量的目的。首先，将传统的课堂教学、实践教学与虚拟实践教学相融合，实现各自的优势互补，从而创造出一种多元化的教学模式，为学生提供丰富的选择空间。在此基础上开展网络课程建设，以适应新时代人才培养模式的需要。其次，整合高校思政课的实际教学内容。VR的实践教学方法可以采用各种载体，如计算机、手机等，以达到资源共享的多元化，从而使学生能够更有效地学习。最后，将VR技术融入思政课堂教学之中。

利用虚拟的教学方式，可以避免潜在的风险并更方便地进行管理。教师利用VR技术进行课程讲解，并与其他老师合作完成课后作业，提升教学效果。利用VR技术和教材的改编，使学生能够身临其境地体验思政课的内容。

2. 课程方面

在进行"VR+课程思政"的教学活动时，需要考虑以下几个方面。思政课程是一门实践性较强的学科，而知识又具有高度的综合性。首先，需要利用课程的相关性。每一门学科都不是孤立存在的，学科间都有着关联性，不同学科的知识内容相辅相成。通过将VR技术整合到多个不同的课程中，并在本课程的基础上增加思政教育的内涵，可以在共性的基础上赋予思政教育更深的内涵，并在VR思政课程内容中穿插这些元素，以增强课程的学术性和教育性。其次，需要分析课程之间的差异性。教师要在尊重学生认知规律基础上，对课程进行合理设计。深入研究课程教学不仅是研究一种教学形式，还是一种艺术的创造。教师要让学生在学习时获得知识和技能，就必须了解该课程的特点，在此基础上进行有效整合，形成有针对性的教学方法与模式，使学生获得更多知识、技能和情感体验。最后，基于课程内容，对 VR 教学方法进行创新。从单纯思政课程教学扩展到课程思政教学，这一过程中的教学目标和意义都发生了明显变化。将"VR+思政"课程转变为"VR+课程思政"，无疑为广大的教师带来了前所未有的挑战。

二、VR 技术在思政课程实践教学中的发展前景

（一）VR 技术软件与硬件相结合

在未来，高校的 VR 思政教室将摒弃传统的三尺讲台教学环境，转而采纳"互联网+教育"的思政课堂教学策略。教师致力于创建智能课堂和网络课堂，逐渐将思政课的教学模式从线下转向线上，全力打造涵盖全方位、全过程和全领域的高质量高校思政课教学。在未来高校的 VR 思政教室设计中，智能、科技和创新将成为核心理念，这将打破传统的教学模式。高校的 VR 思政教室配备了完善的考勤系统，与传统的教师费时费力的点名方式相比，它具有更为便捷、精准和高效的特点。同时也具有更多个性化功能和体验感，让师生更加轻松愉悦地学习与交流。VR 思政教室致力于突破时空限制，实现线上课程教学的无缝对接，解决地域教学资源分布不均的问题，并将双一流高校和国外知名高校的教学资源成功转移到普通院校。此外，通过虚拟现实技术与课堂互动结合，让师生良好交互，使教育过程变得更加直观生动。VR 思政教室将更加注重人性化的设计思路，全面实施"以人为核心"的理念，并在课程设计中合理地平衡教师、学生和 VR 技术三者的相互关系。此外，还能让课堂氛围更加轻松活泼，营造出师生互动的学习环境，提高教学质量。

（二）探索沉浸式学习方式

思政教育的文本内容已经从传统的书籍扩展到了应用程序、公众号、小程序和其他相关的在线平台等媒体形式。这些新型媒体在提高思政教育的实际效果方面起到了很大作用，但由于它们在小屏幕上传播信息，导致信息内容丰富、翻页频次高，这使得学生很难记住相关知识。随着 VR 技术的广泛应用，学生逐步开始接受 360° 全景模式的学习环境。利用 VR 的全景模式，学生可以完全沉浸在

一个封闭的环境中。在全景模式中，学生可以在前方、后方、左侧和右侧分别放置与信息相关的内容或按步骤排列的信息。这使得学生在全景模式下能够高度集中注意力。同时还能使学生对自身所处的情景进行观察和分析，从而提高学习效率。借助虚拟现实头盔，学生的双眼可处于一个封闭的虚拟现实环境中。这有助于学生消除外部的干扰，从而更好地吸收和理解知识，达到沉浸式学习的目的。

（三）VR思政课教师素质与技术创新应用相结合

未来的VR思政课教师应该具备以下四个方面的素质。第一，教育方向必须正确。思政课教师在使用任何辅助技术应用于课堂教学时，必须坚持正确的政治方向，用习近平新时代中国特色社会主义思想教育学生。第二，VR技术是一种为高校思政课堂教学提供支持的应用技术，它并不能完全替代思政课教师的主导地位。因此，思政课教师必须确立正确的意识和观念，并始终关注"VR+思政"教学的尺度问题。第三，思政课教师需要真正地学习、理解并应用VR技术。他们需要在技术应用、课件制作和效果反馈等方面持续努力，追求实际效果。同时，他们还需要不断提高自己在使用VR技术时的创新意识和思维方式，以便能够将所学应用于解决VR课堂上的实际问题。第四，思政课教师需要不断地学习和借鉴其他学者、高等教育机构和部门在VR技术方面的成功经验，同时也要积极学习和应用相关前沿领域的研究成果，始终关注和把握该领域的最新动态。

参考文献

[1] 李才俊,罗茂,胡守敏.高校思政课实践教学设计[M].成都:西南交通大学出版社,2022.

[2] 王文艺,刘慧,王翠云.高职思政课实践教学创新研究[M].南京:河海大学出版社,2021.

[3] 任金晶.新时期高校思政课程理论与实践探索[M].长春:吉林大学出版社,2022.

[4] 黄河,朱珊莹,王毅.高校思政课程实践教学探究[M].长春:吉林大学出版社,2022.

[5] 张艳青.新时代高校思政课教学改革的研究与实践[M].长春:吉林大学出版社,2022.

[6] 刘莉莉.课程思政研究与改革实践[M].北京:北京航空航天大学出版社,2022.

[7] 黄丽娟.新时代高校思政教育理论与实践创新发展研究[M].长春:吉林大学出版社,2022.

[8] 蒋瑛.高校课程思政的思考与探索[M].成都:四川大学出版社,2022.

[9] 董尚文.课程思政教学研究[M].武汉:华中科技大学出版社,2021.

[10] 赵凌云,郝芳华.课程思政教学研究与实践[M].武汉:华中师范大学出版社,2022.

[11] 李正高.基于情境学习理论的高校思政课程创新研究[J].公关世界,2021,12(15):116-117.

[12] 周爱霞.新媒体时代高校思政课程教学模式创新路径研究:评《高校思政课程实践教学探究》[J].科技管理研究,2023,43(15):263.

[13] 张璟，刘於清."三全育人"背景下高校思政课程实践教学体系构建［J］.卫生职业教育，2023，41（20）：7-9.

[14] 王瑶.高校思政实践教学创新策略探析［J］.世纪桥，2023（6）：51-53.

[15] 张永红.高校思政理论课堂与网络在线融合式教育研究［J］.淮南职业技术学院学报，2023，23（5）：31-33.

[16] 郑炜.高校思政课程实践教学的改革实践：以"思想道德与法治"课为例［J］.数据，2022（12）：163-165.

[17] 段俊杰.新媒体背景下高校思政课程实践教学研究［J］.新闻研究导刊，2022，13（23）：188-191.

[18] 周敏星.高校思政课实践教学机制创新的落脚点［J］.现代职业教育，2022（39）：1-3.

[19] 邓春晖，杨洁.学思践悟：高校思政课综合实践课程化改革探索［J］.湖北工程学院学报，2021，41（5）：64-71.

[20] 李建荣.高校思政课红色文化实践教学研究［J］.新疆广播电视大学学报，2021，25（3）：24-26.

[21] 田露.高校思想政治理论课实践教学运行机制构建研究［D］.重庆：重庆交通大学，2021.

[22] 常肖晶.高校思想政治理论课实践教学及对策研究［D］.沈阳：辽宁大学，2019.

[23] 胡玉珍.新时代高校思想政治理论课实践教学研究［D］.苏州：苏州大学，2020.

[24] 叶娟娟.整体性视域下高校思想政治理论课实践教学研究［D］.杭州：浙江大学，2020.

[25] 白雪妮.高校本科生思想政治理论课实践教学体系建构研究［D］.重庆：重庆交通大学，2021.

[26] 岳丽媛.高校思想政治理论课实践教学模式构建研究［D］.北京：北京化工大学，2019.

[27] 郑宇航.高校课程思政教学评价指标体系构建研究［D］.重庆：西南大学，2021.

[28] 孙亚伦.高校课程思政教学评价指标体系构建研究［D］.大庆：东北石油大学，2022.

[29] 庄旭旺.高校课程思政的有效教学策略研究［D］.重庆：西南大学，2022.

[30] 邹蒲陵.高校课程思政与思政课程合力研究［D］.重庆：西南大学，2021.